In den letzten zwanzig Jahren hat Karen Kingston die westliche Anwendung von Feng Shui international gelehrt. Sie ist in England geboren und aufgewachsen und lebt seit 1990 sechs Monate in jedem Jahr auf Bali und veranstaltet in den übrigen sechs Monaten Workshops in vielen Ländern der Erde.

KAREN KINGSTON

FENG SHUI gegen das Gerümpel des Alltags

Deutsch von
Alfred Knödler

Wunderlich Taschenbuch

Neuausgabe Juli 2006

Veröffentlicht im Rowohlt Taschenbuch Verlag,
Reinbek bei Hamburg, September 2000
Copyright © 2000 by Rowohlt Taschenbuch Verlag GmbH,
Reinbek bei Hamburg
Die Originalausgabe erschien 1998 bei Judy Piatkus (Publishers) Limited,
London, unter dem Titel «Clear Your Clutter With Feng Shui»
Copyright © 1998 by Karen Kingston
Umschlaggestaltung any.way, Barbara Hanke/Cordula Schmidt
(Foto: Collier Campbell/Corbis)
Satz Adobe Garamond (PostScript)
bei Pinkuin Satz und Datentechnik, Berlin
Druck und Bindung Clausen & Bosse, Leck
Printed in Germany
ISBN 13: 978 3 499 26625 6
ISBN 10: 3 499 26625 3

Inhalt

Danksagungen 7

Vorwort 9

TEIL EINS
Was ist eigentlich Gerümpel? 11

1. Feng WAS? 13
2. Das Problem mit dem Gerümpel 20
3. Die Wirksamkeit des Ausmistens 23
4. Was ist eigentlich Gerümpel? 27
5. Wie Gerümpel Sie beeinflusst 32
6. Warum heben die Leute ihren Krempel auf? 46
7. Loslassen 58

TEIL ZWEI
Wie man Gerümpel identifiziert 63

8. Das Gerümpel und das Feng Shui-Bagua 65
9. Gerümpelbereiche in Ihrer Wohnung 76
10. Sammlungen 91
11. Papierkram 96
12. Verschiedenerlei Gerümpel 106

13. Riesenteile 113
14. Das Gerümpel anderer Leute 115
15. Gerümpel und Feng Shui-Symbolik 120

TEIL DREI
Ausmisten 127

16. Wie man ausmistet 129
17. Gerümpelfrei bleiben 145
18. Wie man seinen Körper ausmistet 150
19. Geistiges Gerümpel ausmisten 165
20. Emotionales Gerümpel ausmisten 173
21. Spirituelles Gerümpel ausmisten 179

ANHANG
Die 21 Stufen des grundlegenden Space Clearing 183

Informationen über Karen Kingston 188

Weiterführende Literatur 189

Danksagungen

Ich bin dankbar für das stetig wachsende Netzwerk von liebenden, hilfreichen Lichtarbeitern, das mich umgibt. Jeder von ihnen hat auf seine Weise zum Entstehen dieses Buches beigetragen. Habt Dank und lasst euch herzlich dafür umarmen. Mein besonderer Dank gilt meinen lieben Freunden Gemma Massey, Rowan Hart-Williams, Ni Nyoman Ayu und Richard Norris. Sie haben mich voller Liebe und mit unglaublichem Einsatz bei der Entwicklung meiner Arbeit begleitet. Auch Cathryn McNaughton, Anna Mackenzie, Jean Devlin, Jill Newberry, Katharina Otremba, Kay Tom, Thea Bennett, Nuala Kiernan, Joan McNicholas, dem ganzen Team bei Piatkus Books sei gedankt sowie all den wunderbaren Menschen, von denen ich so viele herzliche, enthusiastische Reaktionen auf meine Bücher und Kurse bekommen habe und die meine Arbeit unbeschreiblich bereichert haben.

Vorwort

Nach meinem ersten Buch «Heilige Orte erschaffen mit Feng Shui» wurde ich mit Briefen überhäuft, in denen meine Leser mir mitteilten, wie viel Spaß sie an seinem Inhalt hatten und welch große Erfolge sie bei seiner Anwendung erzielten. Doch wegen eines Kapitels bekam ich besonders viele Briefe, Faxe, Anrufe und e-Mails – es war mit «Krempel Ausmisten» überschrieben. Und wie es scheint, hat jeder welchen!

Deshalb war es nur konsequent, nun ein besonderes Buch zum Thema zu schreiben.

VIEL SPASS BEIM AUSMISTEN!

Karen Kingston

TEIL EINS
Was ist eigentlich Gerümpel?

1
Feng WAS?

Ich traf einmal eine Frau, die zu einer Reise rund um die Erde aufgebrochen war, mit nicht mehr Gepäck als der Fahrkarte zu ihrem ersten Reiseziel. Doch sie besaß eine außerordentliche Gabe, nämlich die Fähigkeit, den Leuten aus der Hand zu lesen. Egal, wo sie hinkam, mangelte es ihr niemals an einem Platz zum Schlafen und an Essen. Sie suchte sich einfach vor Ort ein Hotel heraus, ging zum Chef und bot ihm an, den Gästen gegen Kost, Logis oder einen kleinen Lohn aus der Hand zu lesen. Als ich ihr damals begegnete, machte sie das schon drei Jahre lang. Sie hatte bereits über ein Dutzend Länder besucht und genoss das Leben in vollen Zügen.

Ich habe herausgefunden, dass Feng Shui bei den Leuten die gleiche Faszination hervorruft. Deshalb möchten die Menschen gewöhnlich mehr über Feng Shui lernen, wenn sie einmal entdeckt haben, wie stark sie von ihrem Zuhause beeinflusst werden, im Guten wie im Schlechten.

Feng Shui

Feng Shui ist in den vergangenen Jahren unglaublich beliebt geworden. Ich selbst entdeckte meine Leidenschaft, mit der Energie in Gebäuden zu arbeiten, in den späten 70er Jahren. 1993 begann ich Feng Shui zu lehren. Wenn mich die Leute fragten, wovon ich lebe, und ich es ihnen sagte, reagierten sie mit einem verwirrten Blick und einem «Feng WAS?» Heute nicken sie verständnisvoll, und das Gespräch geht weiter.

Feng Shui ist die Kunst, den Fluss der natürlichen Energieströme in unserer Umgebung auszubalancieren und zu harmonisieren, damit es einem gut geht. Unsere Vorfahren kannten und verstanden diese natürlichen Energieströme noch sehr gut. Und in manchen Kulturen existiert auch heute noch dieses Wissen. Zum Beispiel in Bali, wo ich während der einen Jahreshälfte zu Hause bin. Dort leben die Menschen immer noch in völligem Einklang sowohl mit der physischen, sichtbaren Welt als auch mit der ätherischen, verborgenen Welt der unsichtbaren Energien. Die täglichen Opfer an den Hausschreinen im ganzen Land und eine endlose Folge von wundervollen, machtvollen und hoch entwickelten Zeremonien in den 20 000 Tempeln der Insel sorgen dafür, dass die Balance und die Harmonie erhalten bleiben. Für mich ist das Feng Shui, wie es sein sollte: nicht nur eine Ansammlung von Grundregeln, die an einem einzelnen Gebäude angewandt werden, um ein bestimmtes Ergebnis zu erzielen, sondern vielmehr die Lebensweise einer ganzen Insel mit drei Millionen Menschen, die im Einklang mit dem Land und seinem Geist leben.

Mein Feng Shui-Ansatz

Mein eigener Feng Shui-Ansatz unterscheidet sich insofern von dem der anderen Praktizierenden, als ich direkt mit der Energie des einzelnen Raumes arbeite. Im Laufe von zwanzig Jahren habe ich die Fähigkeit entwickelt, Energie klarer sehen, hören, riechen und empfinden zu können. Wenn ich eine Beratung beginne, schreite ich gewöhnlich als Erstes den gesamten Innenraum des Gebäudes ab und lese die Energie mit meinen Händen. Die Geschichte der Ereignisse ist in Form von elektromagnetischen Abdrücken in den Wänden und Möbeln festgehalten. Und indem ich diese Abdrücke lese und interpretiere, kann ich fast alles herausfinden, was jemals dort geschehen ist. Traumatische oder sich immer wiederholende Ereignisse haben sich am tiefsten eingeprägt und dementsprechend mehr Einfluss auf die heutigen Bewohner. Ich kann aber auch Bereiche im Haus finden, wo die Energie ins Stocken geraten ist, und ich weiß, was getan werden muss, um sie wieder zum Fließen zu bringen.

Immer wenn ich auf Gerümpel und Unordnung stoße, ist das Energiefeld unverkennbar. Sie stellen ein Hindernis im Energiefluss dar und sind für mich mit einem unangenehmen, klebrigen, unsauberen Gefühl verbunden, so, als ob ich mit meinen Händen durch unsichtbare Spinnweben streifen würde. Dadurch wurde mir zum ersten Mal klar, dass Gerümpel den Menschen echte Probleme bereitet. Es hat einen unverkennbaren muffigen, durchdringenden Geruch, den ich riechen kann, wenn ich zu jemandem nach Hause komme, selbst wenn der Krempel nicht sichtbar ist. Wenn ich mich einstimme, kann ich ihn tatsächlich auch in der Aura einer Person riechen, wenn sie in meiner Nähe steht, weil sie vom Geruch des Krempels durchdrungen ist. Machen Sie sich aber keine Sorgen, falls Sie mir einmal persönlich begegnen sollten. Es gibt so viel Gerümpel auf der Welt, dass ich mich nicht so oft auf dessen Energiefeld einstimme.

Die gute Nachricht lautet: Räumt man den Krempel auf, verschwinden die ungesunde, stagnierende Energie und der begleitende Geruch ganz schnell.

Das Feng Shui Bagua

Einer der interessantesten Aspekte von Feng Shui ist das Feng Shui ‹Bagua›, auf das ich mich in diesem Buch vor allem konzentrieren will (das vereinfachte Diagramm und weitere Information in Kapitel 8). Mit seiner Hilfe können Sie jeden möglichen Aspekt Ihres Lebens in einem Gebäude lokalisieren, in dem Sie sich regelmäßig aufhalten.

Beispielsweise gibt es bei Ihnen zu Hause einen Bereich, der mit Wohlstand zu tun hat. Viele Leute lesen über Feng Shui oder besuchen einen Workshop zum Thema, sind sehr begeistert und möchten das Gelernte in die Tat umsetzen, noch bevor sie ihre Unordnung beseitigt haben. Sie hören, dass man mehr Reichtum anziehen kann, wenn man in der Wohlstandsecke einen Spiegel aufhängt. Doch was geschieht, wenn diese Ecke mit Gerümpel voll gestellt ist? Unglücklicherweise werden sich ihre Probleme eher verdoppeln als sich lösen.

Dieses Buch konzentriert sich nur auf diesen einen Aspekt von Feng Shui: das Aufräumen, das so wichtig für seine erfolgreiche Anwendung ist. Dies ist überhaupt das erste Buch, das den Sachverhalt in diesem Zusammenhang genauer erklärt. Es versteht sich als ein idealer Einstieg für Feng Shui-Anfänger und als wichtiges Hilfsmittel für Fortgeschrittene.

In diesem Buch spreche ich vor allem davon, wie man das Wissen bei sich zu Hause anwendet. Doch kann man es ebenso effektiv an seinem Arbeitsplatz oder in jeden anderem Gebäude umsetzen, in dem man sich aufhält.

Space Clearing

Mit «Space Clearing» ist der Name des Bereichs von Feng Shui benannt[1], den ich vor Jahren erschlossen habe und durch den

---

1 Interessanterweise kam Denise Linn, die Autorin des Buches «Die Magie des Wohnens» unabhängig von mir und in 10 000 Meilen Entfernung auf denselben Namen für die von ihr entdeckten und entwickelten Energie-Reinigungs-Zeremonien! Seit Veröffentlichung meines Buches «Heilige Räume erschaffen mit Feng Shui» haben auch andere Leute den Namen *Space Clearing* übernommen, um damit die seltsamsten und wunderlichsten Zeremonien zu benennen. In diesem Buch bezieht sich der Name jedoch immer auf das Space Clearing, wie ich es in meinen Büchern beschreibe und dessen Wirksamkeit ich auch garantieren kann.

ich sehr bekannt wurde. Space Clearing ist die Kunst des Reinigens und des Weihens von Energien in Gebäuden. Vor allem darum geht es in meinem ersten Buch.

Wenn das Leben gut laufen soll, muss die Lebensenergie auch zu Hause und am Arbeitsplatz gut fließen. Feng Shui lehrt eine Vielzahl an Möglichkeiten, diesen Energiefluss zu steigern; das Space Clearing ist eine der effektivsten. Dabei handelt es sich um eine einfache, aber wirkungsvolle Zeremonie in 21 Schritten, die ins Stocken geratene Energien aus dem Weg räumen soll. Diese haben sich mit der Zeit in Gebäuden angesammelt und geben einem nun das Gefühl, selbst fest zu stecken. Die Resultate des Space Clearing sind beeindruckend. Viele Menschen entschließen sich, es zum festen Bestandteil ihrer häuslichen Pflege zu machen, damit der Raum sowohl energetisch als auch physisch sauber und klar ist. Nur wenige Gebäude sind so gut entworfen, dass sie nicht von einem regelmäßigen Space Clearing profitieren würden. Außerdem funktioniert Feng Shui besser und schneller, wenn es in Verbindung mit Space Clearing praktiziert wird.

Verfestigte Energie hat drei Hauptursachen, gegen die das Space Clearing angeht:
– physischer Schmutz
– die Energie ehemaliger Bewohner
– Gerümpel

Physischer Schmutz Damit meine ich alle Arten von Dreck und Staub, Schmuddel und Schmutz, Schmiere und Fett sowie Ablagerungen. Niedrigere Energien sammeln sich immer in der Umgebung von Dreck an. Von daher stammt die alte englische Redensart: «Reinlichkeit und Gläubigkeit sind sich nicht fern.»

Energie ehemaliger Bewohner Alles, was in einer Wohnung geschieht, wird in den Wänden, Böden, Möbeln und Gegenständen im Raum festgehalten. Dadurch lagern sich Schichten ab, ähnlich wie Ruß, mit dem Unterschied, dass man sie nicht sehen kann und sie sich tiefgreifend auf einen auswirken. Wenn Sie zum Beispiel in eine Wohnung einziehen, in der zuvor glücklich verheiratete Bewohner lebten, ist es ziemlich wahrscheinlich, dass auch Sie dort eine glückliche Ehe führen werden. Waren andererseits die Exbewohner unglücklich, geschieden oder krank, machten Bankrott oder wurden übergewichtig, dann bleiben die daraus resultierenden negativen Energien im Gebäude, und sie werden dafür sorgen, dass sich die Geschichte wiederholt. Die zurückgebliebenen Schwingungen führen zu einer Stagnation, die Sie sicherlich beseitigen wollen.

Gerümpel Jede Form von Gerümpel behindert den sanften Energiefluss innerhalb eines Raumes. Dies führt wiederum zu Stillstand und/oder Verwirrung im Leben der Bewohner.

Während die Space Clearing-Zeremonie zur Reinigung der Energie ehemaliger Bewohner ohne weiteres in ein paar Stunden vorgenommen werden kann, dauert das Saubermachen und das Aufräumen bei manchen Leuten etwas länger. Ich bekomme häufig von Lesern zu hören, dass sie mein erstes Buch zügig durchgearbeitet haben, als sie jedoch zum Krempelkapitel kamen, blieb das Lesezeichen dort sechs Monate lang, bis sie genug ausgemistet hatten. Erst dann konnten sie weiterlesen!

Das zeigt sich auch an den Briefen, die ich bekomme:

«Ich habe nun den größten Teil des Krempels aufgeräumt und bin bereit für die Space Clearing-Zeremonie. Ich habe das Gefühl, dass ich in den letzten sechs Monaten nicht nur jeden Schrank daheim, sondern auch jeden Bereich meines Le-

bens durchgeforstet habe. Ich fühle mich bereits jetzt schon so gesund und glücklich wie seit Jahren nicht mehr.»

«Ich las das Krempel-Kapitel in Ihrem Buch, und nun bin ich bei der vierzehnten Mülltüte und immer noch nicht fertig. Mein Mann ist erstaunt, weil er mir jahrelang damit in den Ohren lag, das endlich mal zu tun.»

«Ich dachte, ein Müllcontainer wäre genug, doch inzwischen bin ich schon beim dritten angelangt. Wie konnte ich es nur so weit kommen lassen?»

«Ihr Buch inspirierte mich, meine Rumpelkammer auszuräumen und zum Flohmarkt zu fahren. Dabei habe ich 300 Pfund verdient. Das brachte mich auf die Idee, meine Garage auszuräumen, was mir über 600 Pfund einbrachte. Mit dem Geld finanzierte ich meinen ersten Urlaub seit Jahren, und nun sende ich Ihnen diese Postkarte, um ‹Danke!› zu sagen.»

Im nächsten Kapitel werde ich genauer erklären, warum ein Großteil Ihres heiß geliebten Plunders Ihnen ganz gewiss mehr zum Schaden gereicht als zum Wohle.

2
Das Problem mit dem Gerümpel

Bei meinen Feng Shui- und Space Clearing-Beratungen habe ich die Gelegenheit, viele Wohnungen zu besuchen und an Orten herumzustöbern, die ich sonst nie zu Gesicht bekommen würde. Ein Ergebnis dieses ungewöhnlichen (und manchmal auch zweifelhaften) Privilegs ist, dass ich im Laufe der Jahre die verschiedenen Arten von Problemen herausfinden und überprüfen konnte, die Gerümpel hervorruft.

Gerümpel und Feng Shui

Man muss sich einmal klarmachen, welche grundlegende und wesentliche Bedeutung das Ausmisten für die ganze Feng Shui-Praxis hat. Die meisten Bücher zum Thema behandeln es nur beiläufig oder überhaupt nicht. Vielleicht setzen die Autoren voraus, dass ihre Leser sich bereits mit diesem Bereich beschäftigt haben, doch in der Realität haben die meisten das natürlich nicht getan.

Meiner Meinung nach handelt es sich beim Ausmisten und bei Feng Shui nicht um zwei verschiedene Prozesse. Mir ist vielmehr klar geworden, dass das Ausmisten einen der machtvollsten und transformativsten Aspekte von Feng Shui überhaupt darstellt. Die durch Feng Shui erzielten Heilungen und Verbesserungen können ihre wahre Wirkung erst entfalten, wenn vorher ausgemistet und aufgeräumt wurde.

Wenn Sie schon seit Jahren Feng Shui praktizieren, ohne das

zu wissen, werden Sie darüber entzückt sein, zu welch ungeheurem Energiezuwachs das Ausmisten führt. Und falls Sie noch nie etwas von Feng Shui gehört haben, werden Sie positiv davon überrascht sein, dass die ersten und wichtigsten Schritte beim Lernen dieser Kunst bereits zum Greifen nahe sind.

Gerümpel ist aufgestaute Energie

Das englische Wort für Krempel, Kram, Gerümpel und Unordnung (clutter)[2] stammt von dem mittel-englischen Wort «clotter» ab, was Gerinnen bedeutet – und stärker kann man ja wohl kaum ins Stocken geraten.

Krempel sammelt sich an, wenn sich die Energie anstaut; gleichermaßen staut sich die Energie an, wenn sich Krempel ansammelt. Der Krempel beginnt also als das Symptom eines Sie betreffenden Prozesses und wird dann selbst zu einem Teil des Problems; denn je mehr Krempel Sie ansammeln, umso mehr stagnierende Energie zieht er an.

Sie kennen das bestimmt aus eigener Erfahrung. Sie gehen die Straße entlang und sehen, dass jemand gedankenlos eine leere Zigarettenschachtel in eine Ecke am Straßenrand geschmissen hat. Am nächsten Tag kommen Sie wieder an derselben Stelle vorbei, und die leere Schachtel hat von ein paar anderen weggeworfenen Gegenständen Gesellschaft bekommen. Schon bald wird eine ausgewachsene Müllhalde daraus. Bei Ihnen zu Hause sammelt sich der Krempel auf gleiche Art und Weise an. Es geht mit einem kleinen bisschen los, und dann wächst er auf

---

2 Anmerkung des Übersetzers: Für das englische Wort «clutter» gibt es keine unmittelbare deutsche Entsprechung. Sein Wortfeld umfasst sowohl die überflüssigen Dinge (Kram, Gerümpel, Krempel oder Plunder) als auch die nützlichen Dinge im Zustand der Unordnung. Deshalb werden wir «clutter» im Folgenden auch mit «Unordnung» und «Durcheinander» übersetzen.

heimtückische Weise nach und nach an – Das gleiche geschieht mit der stagnierenden Energie um ihn herum, die dann eine entsprechend lähmende Wirkung auf Ihr Leben hat.

Wenn Sie Ihr Leben wieder irgendwie in die Gänge bringen, werden Sie bei sich zu Hause instinktiv das Gerümpel ausmisten und einen Neuanfang machen wollen. Sie werden spüren, dass Ihnen einfach nichts anderes übrig bleibt. Es gibt verschiedene Möglichkeiten, an das Ausmisten heranzugehen: Man kann sich zum Beispiel für einen Selbstentwicklungskurs anmelden und so lange warten, bis man in dem Zustand ist, dass man die Unordnung um sich herum einfach nicht mehr aushält. Es gibt aber auch jede Menge psychologischer und spiritueller Bücher, die man lesen, und Kurse, die man besuchen kann (und ich halte das auch für eine gute Idee). Doch kann es eine Weile dauern, bis Sie ausreichend motiviert sind zum Ausmisten.

Dieses Buch vermittelt einen neuen Ansatz, sein Leben in Ordnung zu bringen, indem man seinen überflüssigen Kram aussortiert. Dies führt zugleich zu einer ungeheuren Erneuerung der Lebenskräfte.

Angestaute Energie ist sehr klebrig

Weil angestaute Energie so klebrig ist, lässt man seinen Krempel so leicht liegen. Deshalb brauchen Sie nun ein paar ziemlich gute Gründe, die sie motivieren, etwas dagegen zu unternehmen. Und darum geht's im nächsten Kapitel.

3
Die Wirksamkeit des Ausmistens

Jeder Aspekt Ihres Lebens ist energetisch in Ihrem Lebensumfeld verankert. Deshalb kann es Ihr Leben grundlegend verändern, wenn Sie ausmisten.

Sein Leben aufräumen

Schon in den 80er Jahren war ich eine der führenden professionellen Rebirthing-Therapeutinnen in London (bei der Rebirthing-Therapie werden innere Blockaden durch den Atem gelöst). Es war schon immer eine meiner Stärken, Menschen zur Selbsthilfe zu motivieren, und so begann ich, den Patienten, deren Leben teilweise ins Stocken geraten war, das Ausmisten als extra Hausaufgabe vorzuschlagen. Tatsächlich gelangen ihnen während des Ordnens ihrer Dinge auch grundlegende Durchbrüche beim Ordnen ihrer selbst. Den wirklich hartnäckigen Fällen sagte ich am Ende einer Sitzung, dass ich nächste Woche bei ihnen zu Hause und nicht bei mir eine Rebirthing-Sitzung machen würde. Und ich glaube, indem ihnen klar wurde, wie sich ihr Zuhause im Gegensatz zu meinem anfühlte, waren sie so beschämt, dass sie endlich in die Gänge kamen.

Ich erinnere mich an eine Langzeit-Klientin: ein junges heroinabhängiges Mädchen, das auf Entzug war. Nachdem sie mehrmals rückfällig geworden war, wurde mir klar, dass ich entschlossener vorgehen musste. Ich weigerte mich, wieder mit ihr zu arbeiten, bis wir eine Sitzung bei ihr zu Hause abhalten würden, und sie zeigte ihr Engagement für einen Neuanfang, indem sie ihre Wohnung für eine Rebirthing-Therapie in Schuss brachte. Das war für sie keine leichte Übung. Ihre Selbstachtung war während der Jahre so tief gesunken, dass sie inzwischen in erbärmlichen Verhältnissen lebte. Doch sie ging mit großer Willenskraft ans Werk und lud mich einige Wochen später triumphierend in ihre Wohnung ein. Es war unübersehbar, wie viel Arbeit dort getan worden war. Auch die Veränderungen, die bei ihr in diesen Wochen stattgefunden hatten, waren deutlich sichtbar. Bei den anschließenden Therapiesitzungen gelangen ihr tief greifende Durchbrüche.

Als ich ihr einige Jahre später auf der Straße über den Weg lief, war sie nicht wieder zu erkennen. Sie hatte sich in eine strahlend schöne Frau voller Heiterkeit und Lebensfreude verwandelt und in dem Beruf Karriere gemacht, von dem sie schon immer geträumt hatte. Den Wendepunkt ihres Lebens setzte sie in der Zeit jener Sitzungen an. Sie sagte, dass sie seither nie mehr Heroin angerührt und nie mehr zurückgeschaut hätte. Indem sie ausgemistet hatte, hatte sie gleichzeitig ihr Leben ins Reine gebracht.

Ihr Zuhause und Sie

Aus folgendem Grund ist das Ausmisten so wirkungsvoll: Wenn Sie die äußere Welt in Ordnung bringen, kommt es auch in der inneren Welt zu entsprechenden Veränderungen. Alles um Sie herum, vor allem Ihre häusliche Umgebung spiegelt Ihr inneres Wesen wider. Wenn Sie also Ihr Zuhause verändern, verändern Sie auch die Möglichkeiten in Ihrem eigenen Leben. Indem Sie aus dem Weg räumen, was den harmonischen Energiestrom in Ihrem Lebensumfeld behindert, wird auch Ihr Leben harmonischer. Es eröffnet sich der Raum für wundervolle neue Möglichkeiten.

Packen wir's an!

Eine Frau, die in einen meiner Workshops kam, wurde so davon inspiriert, dass sie zu Hause gleich eine Wohltätigkeitsorganisation anrief und sagte: «Sie können gleich einen Lastwagen schicken!» Bis auf fünf Kleidungsstücke aus ihrem Kleiderschrank räumte sie alles aus: ihre alte Stereoanlage und haufenweise Ramsch. Dadurch wurden Riesenmengen angestauter Energie freigesetzt, die zugleich den Raum für etwas Neues eröffneten. Eine Woche später bekam sie von ihrer Mutter per Post einen Scheck über 5000 Pfund. Sie machte sich gleich auf den Weg und kaufte sich eine völlig neue Garderobe mit wundervollen Kleidern, eine neue Stereoanlage und alles, was sie sonst noch wollte.

Wie sie mir sagte, war der Scheck völlig unerwartet gekommen. Ihre Mutter hatte ihr zum letzten Mal vor zehn Jahren Geld geschickt! Ich empfehle das zwar nicht jedem zur Nachahmung, aber bei ihr hat es offensichtlich funktioniert.

Hier ist ein aufschlussreicher Brief, den ich von einer Frau namens Susan Byron bekommen habe, die in Irland lebt. Sie las mein Buch und machte sich ebenfalls daran, im großen Stil auszumisten.

«Ich hörte Sie heute Morgen im Radio und musste Ihnen einfach mitteilen, dass ich morgen umziehe. Die einzigen Besitztümer, die ich abgesehen von meinem Mann, den Kindern und meinen liebsten Pflanzen und Tieren mitnehme, sind Ihr Buch, meine Kerzen, der Weihrauch und die Glocke.

Seitdem ich vor drei Monaten Ihr Buch in die Hände bekam, sind mir so viele wundervolle Dinge widerfahren. Ich habe in meinem Haus ein Space Clearing vollzogen und führte ein Tagebuch, in dem nach etwa zwei Wochen über einhundert Dinge aufgelistet waren, die ausgemistet werden müssen. Um es kurz zu machen: Wir haben seitdem unseren Plan verwirklicht, nach Country Clare an der Westküste zu ziehen. Wir machten unser Haus fertig, verkauften es und leisteten eine Anzahlung für einen wundervollen Bauplatz am Atlantik. Viele Hindernisse wurden ohne größere Anstrengungen überwunden; Probleme, mit denen wir uns regelmäßig herumschlagen mussten, hatten ein Ende.»

Jemand anderes schrieb mir folgenden Brief:

«Ich habe Ihr Buch gelesen ... und nun einen Großteil meines Krempels ausgemistet, doch würde ich gerne die gesamte Space Clearing Prozedur in Angriff nehmen. Seitdem ich vor zwei Wochen zum ersten Mal mit dem Ausmisten anfing, habe ich drei kleine Gewinne gemacht: zwei in der Lotterie und einen bei einer Verlosung – da ich selten etwas gewinne, kann das wohl kein Zufall sein!»

Solche Briefe flattern täglich in meinen Briefkasten und haben mich übrigens dazu inspiriert, dieses Buch zu schreiben.

4
Was ist eigentlich Gerümpel?

Nach meinem Verständnis gibt es verschiedene Kategorien von Gerümpel:
- Dinge, die man nicht gebraucht oder nicht liebt
- Dinge, die unordentlich und schlecht organisiert sind
- zu viele Dinge auf zu engem Raum
- alles, was nicht zu Ende gebracht wurde

Werfen wir einen Blick auf die einzelnen Kategorien, damit Sie während der Lektüre dieses Buches genau wissen, worauf Sie Ihren Schwerpunkt beim Ausmisten legen sollten.

Dinge, die man nicht liebt oder gebraucht

Dinge, die geliebt, gebraucht und geschätzt werden, sind von starken, dynamischen, freudvollen Energien umgeben, die es der Energie im Raum ermöglichen, durch die Dinge hindurch und um sie herum zu fließen. Wenn Ihr Leben einen eindeutigen Mittelpunkt hat und die Dinge in Ihrer Nähe von dieser wundervollen frei fließenden Energie umgeben und durchdrungen sind, werden Sie ein entsprechend glückliches, freudiges, frei fließendes Leben führen. Umgekehrt wird alles, was vernachlässigt und vergessen oder nicht gewollt, geliebt oder gebraucht wurde, den Energiefluss bei Ihnen zu Hause verlangsamen und zum Erliegen bringen. Sie werden das Gefühl haben, dass Ihr Leben still steht.

Wir sind mit unserer gesamten Habe durch feine Energiefäden verbunden. Wenn unser Zuhause voll von Dingen ist, die wir lieben und gebrauchen, wird es für uns zu einer großartigen Quelle der Stärkung und Unterstützung. Gerümpel zieht unsere Energie hingegen herunter, und je länger wir es behalten, umso stärker wird es uns beeinflussen. Wenn man alles los wird, was keine wirkliche Bedeutung oder Wichtigkeit für einen hat, fühlt man sich körperlich, geistig und spirituell erleichtert.

Dinge, die unordentlich und schlecht organisiert sind

Diese Kategorie betrifft die unordentlichen und hoffnungslos chaotischen Zeitgenossen. Selbst wenn Sie die Dinge auf das beschränken, was Sie wirklich gebrauchen und lieben, wird Ihre Umgebung so lange unordentlich sein, wie die Dinge über den gesamten Ort verstreut sind und es schwierig ist, zu finden, was man braucht. Vielleicht werden Sie wie viele chronische Schlamper behaupten, dass Ordnung in Ihrem Chaos sei und Sie die Dinge herumliegen lassen, damit sie Sie an wichtige Sachen erinnern, die Sie noch erledigen müssen. Doch wenn Sie dann jemand tatsächlich auf die Probe stellt und danach fragt, wo sich etwas Bestimmtes befindet, können Sie bestenfalls die ungefähre Richtung angeben und selten den genauen Ort, an dem sich der gesuchte Gegenstand befindet.

Das Leben der meisten Menschen läuft besser, wenn sie wissen, wo sie etwas finden können. Denken Sie zum Beispiel mal an Ihr Bett. Die energetische Verbindung, die Sie mit ihm haben, ist unmittelbar und klar. Sofern Sie nicht der nomadische Typ sind, wissen Sie genau, wo es steht, und können innerhalb von Sekundenbruchteilen die geistige Verbindung zu ihm herstellen. Und jetzt denken Sie mal an Ihre Hausschlüssel. Wissen

Sie genau, wo sie sind, oder müssen Sie im Geiste nach ihnen suchen? Wie steht es mit dem Brief, auf den Sie antworten sollten? Wo ist er? Wenn Ihre Sachen durcheinander gebracht werden, verheddern sich auch die energetischen Fäden, durch die sie mit Ihnen verbunden sind. Und das bringt Stress und Verwirrung in Ihr Leben. Wenn Sie dagegen wissen, wo die Dinge sind, stellen sich Frieden und Klarheit ein.

Der Krempel dieser Kategorie besteht aus Dingen, die entweder keinen bestimmten Platz haben oder einen haben, aber von ihm entfernt sind und dort stehen, wo sie nicht hingehören. Viele Gegenstände scheinen plötzlich in unserem Leben aufzutauchen, ohne dass wir uns bewusst dafür entschieden haben, sie uns anzueignen. Dazu gehört die Post, die unaufhörlich in unseren Briefkasten flattert und sich unerbittlich in den abgelegenen Ecken der Wohnung verteilt, und Papierkram, der wie aus dem Nichts auftaucht und sich zu riesigen Haufen stapelt und trotzig all unseren Versuchen widersteht, ihn zu kategorisieren und zu sortieren. Dann gibt es da noch die Impulskäufe. Man bringt sie nach Hause und sagt sich: «Ich werde sie nur mal eben hierhin stellen», und schon bleiben sie, wo sie sind. Manchmal bleiben sie da für Monate, Jahre oder sogar Jahrzehnte. Sie scheinen immer ein wenig fehl am Platze, und man ärgert sich ständig über sie.

Ich verfechte keineswegs die absolute Ordnung und Sauberkeit. Ein Zuhause, das zu aufgeräumt ist, wo alles geleckt ist, ist energetisch steril und kann genauso problematisch sein wie ein Ort, der die reinste Müllkippe darstellt. Dennoch ist das Zuhause die äußere Manifestation dessen, was im Innern vorgeht. Wenn man also auf der äußeren Ebene unordentlich ist, entsteht auch auf der inneren Ebene eine entsprechende Unordnung. Indem man das Äußere in Ordnung bringt, entsteht auch eine innere Ordnung.

Zu viele Dinge auf zu engem Raum

Manchmal ist das Ganze auch nur ein Platzproblem. Ihre Lebensumstände erfordern mehr Raum oder Ihre Familie hat Zuwachs bekommen, doch Ihr Zuhause ist gleich groß geblieben oder war von Anfang an nicht groß genug. Sie können sich zwar eine Lösung mit Einbauschränken einfallen lassen, doch je mehr Sie in Ihren Lebensraum hinein stopfen, umso weniger Raum hat die Energie zum Fließen und umso schwieriger wird es, aktiv zu werden. Durch den Krempel der Zu-viel-Dinge-auf-zu-engem-Raum-Kategorie beginnt sich Ihr Zuhause so anzufühlen, als könne es nicht atmen, auch Ihr eigener Atem wird in der Tat knapper und flacher (wann haben Sie zum letzten Mal so richtig tief Luft geholt und Ihre Lungen gefüllt?), wodurch Sie sich in Ihrer Lebensführung eingeengt fühlen werden.

Die einzige Lösung besteht darin, entweder an einen größeren Ort zu ziehen oder einen Teil der Sachen aus der Wohnung zu werfen.

Alles, was nicht zu Ende gebracht wurde

Diese Art von Gerümpel ist schwieriger zu erkennen und leichter zu ignorieren als die anderen Typen, doch seine Auswirkungen sind weit reichend. Alles, was in den psychischen, geistigen, emotionalen und spirituellen Sphären nicht vollendet wurde, verschmutzt die Seele.

Dinge, mit denen Sie zu Hause nicht fertig werden, spiegeln Dinge wider, mit denen Sie in Ihrem Leben nicht zurecht kommen und die ständig Energie abziehen. Damit sind die ganzen nervenden Reparaturarbeiten gemeint: die kaputte Schublade, die geklebt werden muss, die defekten Haushaltsgeräte, die zu reparieren sind, der tropfende Wasserhahn, der in Ordnung gebracht werden müsste, oder die größeren Arbeiten wie das Neustreichen des Hauses, die Wartung der Zentralheizung oder das

Zurechtstutzen des Dschungels, in den sich Ihr Garten verwandelt hat. Je mehr solcher unerledigter Arbeiten anstehen, umso weniger kann es in Ihrem Leben vorwärts gehen.

Knöpfe, die angenäht werden müssen, Telefonanrufe, die Sie erledigen, und Beziehungen, von denen Sie sich verabschieden müssen, und alle anderen unabgeschlossenen Dinge in Ihrem Leben werden so lange den Fortschritt hemmen, bis Sie sie erledigen. Ihr Unterbewusstsein wird diese Dinge zwar freundlicherweise für Sie unterdrücken, wenn Sie es darum bitten, doch wird Sie das sehr viel Energie kosten. Wenn Sie all ihre unabgeschlossenen Angelegenheiten zu Ende bringen, werden Sie über den Anstieg Ihres Energiepegels erstaunt sein.

Das nächste Kapitel erforscht, wie diese Arten von Gerümpel sich in unterschiedlicher Weise auf Ihr Leben auswirken, lauter Auswirkungen, die Sie niemals vermutet hätten.

5
Wie Gerümpel Sie beeinflusst

Die meisten Leute haben keine Ahnung, wie sehr sie von ihrem Gerümpel beeinflusst werden. Sie mögen vielleicht glauben, dass eine Sache etwas wert ist oder zumindest sein könnte, wenn Sie sie erst einmal geordnet und organisiert haben. Doch wenn Sie sie letzten Endes ausmisten, wird ihnen klar werden, dass Sie sich ohne sie bedeutend besser fühlen.

Gerümpel beeinflusst einen, je nach dem Typ, zu dem man gehört, wie viel Zeug man hat, wo man es in seiner Wohnung aufbewahrt und wie lange man es bereits hat. Hier sind einige der wichtigsten Auswirkungen:

Die Ansammlung von Gerümpel macht müde und lethargisch

Die meisten Leute, die Dinge horten, sagen, dass sie nicht genügend Energie aufbringen, um endlich mit dem Aufräumen und Ausmisten anzufangen. Weil die stagnierende Energie, die sich um überflüssigen Kram herum anhäuft, Müdigkeit und Lethargie hervorruft, fühlen sie sich ständig niedergeschlagen. Wenn ausgeräumt wird, so befreit das die Energie in der Wohnung und setzt im Körper neue Energien frei. Hier sind einige Erfahrungen, von denen mir die Leute berichtet haben:

»Ich bin lange aufgeblieben, um Ihr Buch zu lesen, und wurde so davon gepackt, dass ich nicht einschlafen konnte.

Schließlich stand ich wieder auf und mistete bis 4 Uhr morgens aus. Obwohl ich am nächsten Morgen zur Arbeit musste, fühlte ich mich überhaupt nicht müde.»

«Ich war ein richtiger Sesselhocker. Wenn ich von der Arbeit nach Hause kam, hing ich vor dem Fernseher ab. Dann startete ich eine umfassende Säuberungsaktion und finde für meinen Fernseher inzwischen so wenig Verwendung, dass ich ihn aus dem Haus geworfen habe. Inzwischen habe ich so viele neue Interessen, dass ich einfach keine Zeit mehr zum Fernsehen habe.»

«Zuerst fühlte ich mich durch das schiere Ausmaß meiner Unordnung entmutigt, doch mir war klar, dass ich sie aufräumen musste. Nun bin ich überrascht, um wie viel besser ich mich nach jeder aufgeräumten Schublade fühle, und die Energie, die mich antreibt weiterzumachen und mehr zu tun, scheint wie aus dem Nichts zu kommen.»

Der Besitz von Krempel hält einen in der Vergangenheit fest

Wenn der ganze zur Verfügung stehende Platz mit Krempel voll gestopft ist, gibt es auch keinen Raum für etwas Neues in Ihrem Leben. Ihre Gedanken neigen dazu, sich ständig mit der Vergangenheit zu befassen, und Sie haben das Gefühl, in den Problemen gefangen zu sein, die Sie schon lange in Beschlag halten. Sie neigen dazu, eher zurückzuschauen als in die Zukunft, und machen die Vergangenheit für Ihre gegenwärtige Situation verantwortlich, anstatt die Verantwortung für sie zu übernehmen und daran zu arbeiten, dass die Zukunft besser wird. Wenn man ausmistet, kann man mit seinen Problemen fertig werden und einen Schritt nach vorne tun. Um eine bessere Zukunft zu schaffen, muss man also erst einmal die Vergangenheit loslassen.

Der Besitz von Krempel verstopft den Körper
Wenn Sie viel Krempel angehäuft haben, wird die Energie Ihrer Wohnung aufgestaut. Genauso ergeht es Ihrem Körper. Krempelfreaks bewegen sich im Allgemeinen zu wenig, leiden oft unter Verstopfung, haben einen grauen, matten Teint und kein Leben in ihren Augen. Leute, die mit wenig Kram leben, sind dagegen allgemein aktiver, haben reine strahlende Haut und glänzende Augen. Sie haben die Wahl.

**Der Besitz von Krempel kann
sich auf das Körpergewicht auswirken**
Im Laufe der Jahre ist mir die eigenartige Tatsache aufgefallen, dass Menschen, die bei sich zu Hause viel unnützes Zeug angesammelt haben, normalerweise übergewichtig sind. Ich glaube, das liegt daran, dass sowohl das Körperfett als auch der Krempel eine Art Selbstschutz sind. Indem sie Schichten von Kram oder Fett um sich herum aufbauen, hoffen sie, sich vor Schicksalsschlägen und besonders vor Gefühlen abschirmen zu können, mit denen sie nur schwer umgehen können. Es gibt ihnen die Illusion, die Dinge unter Kontrolle zu haben und zu verhindern, dass sie Sie zu tief treffen. In Oprah Winfrey's Worten:
«Während meines 13 Jahre langen Kampfes gegen mein Übergewicht habe ich gelernt, dass man auf der physischen Ebene nicht mit der Arbeit beginnen kann, solange man noch nicht weiß, was einen emotional zurückhält. Unsere Ängste hindern uns daran, im Leben vorwärts zu kommen, und das hält uns schließlich davon ab, das zu sein, was wir eigentlich sein sollten.»

Es hat sich für mich eindeutig bestätigt, dass übergewichtige Menschen oft von vielen Ängsten gehemmt werden, die sie erst einmal überwinden müssen, bevor sie ausmisten können. Und doch schreiben mir viele Menschen, wie befreiend sie es empfinden, wenn sie es schließlich doch tun, und wie das Loslassen des Krempels es ihnen auf magische Weise ermöglicht, auch ihr Fett loszulassen. Sie sagen mir, dass es erst mal ein ganzes Stück einfacher ist, sich auf eine Diät für ihre Wohnung als auf eine Diät ihres Körpers zu konzentrieren. Wenn sie sich dann mehr um ihre Einrichtung kümmern, dann achten sie auf ganz natürliche Art und Weise besser auf ihren Körper. Eine Frau brachte das folgendermaßen zum Ausdruck: «Nachdem Sie den Müll (junk) aus Ihrer Wohnung geräumt haben, haben Sie das Gefühl, dass es nicht mehr in Ordnung ist, Junk-Food in Ihren Körper reinzustopfen.»

Gerümpel verwirrt einen

Wenn man ein Leben inmitten von Gerümpel führt, kann man sich unmöglich darüber klar werden, was man in seinem Leben tut. Wenn man ihn hingegen hinauswirft, ist man seltener erkältet, denkt klarer und kann leichter Entscheidungen fällen. Von Krempel frei zu sein ist eine der großartigsten Hilfen, die ich kenne, um das zu entdecken und umzusetzen, was Sie im Leben tun wollen.

Gerümpel hat Einfluss darauf, wie einen die Leute behandeln

Die Menschen behandeln einen so, wie man sich selbst behandelt. Wenn man sich also wert schätzt, werden einen die Leute gut behandeln. Wenn Sie sich gehen lassen und es zulassen, dass der Müll um Sie herum anwächst, könnte es durchaus sein, dass Sie Leute anziehen, die Sie auf irgendeine Weise schlecht behandeln, weil Sie das unbewusste Gefühl haben, das zu verdienen.

Wenn Ihr Zuhause unordentlich und verdreckt ist, mögen

Ihre Freunde Sie vielleicht als Person gern haben, doch könnte es sein, dass es ihnen schwer fällt, Sie zu respektieren, besonders wenn Sie dauernd den Sachen hinterherrennen, die Sie noch erledigen sollten, oder wegen Ihrer schlechten Organisation Ihre Versprechen nicht halten können, und so weiter. Wenn Sie in Ihrer Wohnung Ordnung schaffen, können Sie also gleichzeitig Ihr gesamten Beziehungen verbessern.

Gerümpel lässt zaudern

Leute mit viel Krempel neigen dazu, alles auf morgen zu verschieben. Der Krempel lässt die Energie stagnieren und macht es einem schwer, irgendetwas zu tun. Nach dem Ausmisten werden Sie wahrscheinlich zu Ihrer eigenen Überraschung (und zur Überraschung der anderen!) Dinge tun wollen, die Sie schon seit langem hinausgeschoben hatten. Leute fühlen sich plötzlich dazu angespornt, ihren Garten umzupflanzen, nehmen Studien auf oder machen Urlaub usw. Die Briefe, die ich allein über derartige Ergebnisse bekomme, sind erstaunlich!

«Mein Mann starb vor fünf Jahren, und ich zögerte, seine Sachen auszusortieren. Ihr Buch gab mir endlich den Mut, seine ganzen Sachen zusammenzupacken und zur Altkleidersammlung zu bringen. Es war, als ob ein frischer Wind durch mein Leben wehte. Ich weiß, dass man das bei meinem Alter kaum glauben würde (ich bin 71), doch schrieb ich mich am College zu einem Computerkurs ein und könnte bald schon die erste Cyber-Omi der Welt sein.»

«Als ich meinen Speicher durchsah, stieß ich auf die Briefe einiger alter Freunde, die fortgezogen waren. Als mir klar wurde, wie sehr ich sie vermisste und bereute, den Kontakt zu ihnen verloren zu haben, kamen mir die Tränen. Langer Rede kurzer Sinn, ich räumte den Speicher aus und nahm

ein Flugzeug, um zu ihnen zu fliegen. Wir feierten das wundervollste Wiedersehen. Nun überlege ich ernsthaft, zu ihnen zu ziehen.»

«Die Ausmisterei scheint einem ins Blut überzugehen. Da ich noch lange nicht damit zufrieden war, jeden einzelnen Schrank in meinem ganzen Haus auszumisten, stehe ich nun jeden Morgen in der Dämmerung auf und bringe den Garten in Ordnung. Wo wird das noch hinführen?»

Unordnung ruft Disharmonie hervor

Unordnung ist die Hauptursache für Streitereien in Familien, zwischen Mitbewohnern, Partnern und unter Kollegen. Wenn Sie bei der Arbeit oder in Ihrem Privatleben knietief in Ihrem Zeug stehen, die Menschen in Ihrer Umgebung aber nicht, dann wird ihr Lebensstil vielleicht nicht den Ihren behindern, Ihrer aber ganz bestimmt den der anderen.

Wenn Sie aber nur ein bisschen Ahnung von Metaphysik haben, dann wissen Sie, dass diese Menschen Sie aus einem ganz bestimmten Grund angezogen haben und weshalb Sie von ihnen angezogen wurden. Unordnung ist jedoch ein niveauloser Grund. Schaffen Sie sie aus der Welt und Sie werden einen höheren Sinn für Ihr Zusammensein mit diesen Menschen entdecken, und der ist bedeutend interessanter, als über weltlichen Müll zu streiten.

Gerümpel kann Scham verursachen

Womöglich haben Sie bereits ein Stadium erreicht, in dem Ihr Zuhause so verdreckt und unordentlich ist, dass Sie sich schämen, Leute zu sich einzuladen, und echt in Panik geraten, wenn jemand uneingeladen kommt. Natürlich können Sie mit Ihrem ganzen Kram in völliger Isolation leben, doch würden Sie es nicht vorziehen, mal richtig auszumisten, Ihre Selbstachtung zurückzugewinnen und voller Selbstvertrauen Ihr soziales Leben wieder zu aktivieren?

Krempel kann das ganze Leben beherrschen

Ein liebenswertes altes Paar, das ich einmal traf, hatte eine wundervolle Villa mit fünfzehn Zimmern. Ihre Kinder waren alle erwachsen und von zu Hause weggezogen, und die beiden führten eine glückliche, liebevolle Ehe. Ihre Wohn- und Schlafzimmer waren aufgeräumt und in Schuss, doch mit den Jahren war ihr eigenes Schlafzimmer größtenteils unter einem Meer von Krempel verschwunden. Ein Zimmer schaute aus wie ein Trödelladen, mit Nippes und Schmuck aller Art, der zu Haufen gestapelt war. In einem anderen Zimmer reichten die Kleiderberge bis zur Hüfte. Im dritten Zimmer schließlich befand sich mehr von ihrem eigenen Plunder sowie Schachteln mit Dingen von einer Tante, die «mal ausgemistet werden müssen». Wenn man das alte Paar darauf ansprach, gaben sie zu, dass sie eigentlich gerne einmal verreist wären und die letzten Jahre ihres Lebens gemeinsam genossen hätten, doch die ganzen unaufgeräumten Rumpelkammern ließen ihnen keine Ruhe. Immer wenn die Sprache auf den Urlaub kam, entschieden sie, erst zu verreisen, wenn der ganze Müll aufgeräumt wäre. Das Ergebnis war, dass ihre Scham über die Unordnung sie über Jahre hinweg zu Hause festhielt.

Lassen Sie Ihr Leben nicht entgleiten. Setzen Sie sich gleich hin und schreiben Sie auf, was Sie gerne tun würden, wenn Ihre Unordnung endlich aufgeräumt wäre, und lassen Sie sich dadurch inspirieren, endlich anzupacken.

Gerümpel macht depressiv

Die stagnierende Energie des Gerümpels raubt Kraft und kann depressiv machen. Mir muss erst einmal ein depressiver Mensch begegnen, der sich nicht mit Krempel umgibt. Gefühle der

Hoffnungslosigkeit werden durch ihn verstärkt und können in einem gewissen Umfang durch Ausmisten gelindert werden, weil es Raum für etwas Neues im Leben schafft (die meisten Formen der Depression werden vom höheren Selbst hervorgerufen, das einen davon abhält zu tun, was man bisher getan hat, da es an der Zeit ist, etwas zu verändern).

Wenn man so deprimiert ist, dass man nicht mal ans Ausmisten denken kann, sollte man wenigstens seinen Krempel vom Boden aufheben (deprimierte Leute neigen nämlich dazu, ihren Kram auf niederer Ebene anzuhäufen). Auf diese Weise werden die Energie und die Lebensgeister angeregt. Es wäre auch eine gute Idee, seine Wohnung auf negative Erdstrahlen untersuchen zu lassen. Krempel sammelt sich oft an Orten mit negativer Erdstrahlung an, was ebenfalls eine Ursache für die Depression sein könnte.

Krempel führt zu mehr Gepäck

Wer viel Krempel zu Hause hat, will natürlich viel davon mitnehmen, wenn er auf Reisen geht. Leute, die krankhaft Plunder ansammeln, müssen oft Extragebühren für die ganzen Sachen zahlen, die sie «nur für den Fall» mitschleppen, ganz zu schweigen von all den Andenken, die sie kaufen und mit nach Hause nehmen.

Krankhafte Ansammler von Krempel neigen auch auf der emotionalen Ebene zu Übergewicht. Machen Sie aus einer Mücke einen Elefanten, beschwören Sie unnötige Dramen herauf oder regen Sie sich grundlos auf? Wenn ja, dann müssen Sie lernen, sich auf der physischen Ebene zu erleichtern, und begreifen, dass Sie es sich auch emotional leichter machen und Ihr Leben viel mehr genießen könnten.

Krempel trübt die Sensibilität und Lebensfreude

So wie der Krempel die Geräusche und Stimmungen in Ihrer Wohnung dämpft, dämpft er auch Ihre Fähigkeit, sich voll auszuleben. Sie können zu einem richtiggehenden Gewohnheitstier werden und das Gefühl haben, dass Ihr Leben immer im gleichen Trott verläuft; immer tun Sie das Gleiche, Tag für Tag, Jahr für Jahr. Sie können sogar in den Ruf eines langweiligen Menschen kommen. Wenn Sie aber mal ausmisten, lassen Sie frischen Wind der Inspiration durch Ihre Wohnung und Ihr Leben wehen. Selbst wenn Sie den Kram auch nur von Zeit zu Zeit von einer Stelle zur anderen bewegen, wird das Ihre Energie von Neuem beleben.

Eine große Ausmistaktion ist also die absolute Grundvoraussetzung für ein leidenschaftliches, freudvolles und glückliches Leben. Solche Gefühle sind mit einem ungeheuren Energiefluss durch Ihren Körper verbunden, und dies kann nicht geschehen, solange Ihre Kanäle blockiert sind.

Gerümpel erhöht den Putzaufwand

Es dauert doppelt so lange, einen Raum zu putzen, der mit Sachen zugestellt ist, und nicht nur das: auch die Sachen selbst müssen öfter gereinigt werden. Das Ganze gleicht einer Spirale, die ständig nach unten führt. Denken Sie mal an all die schönen Dinge, die Sie in Ihrem Leben tun könnten, wenn Sie Ihren Krempel loslassen und Ihren Putzaufwand halbieren würden!

Krempel macht chaotisch

Wie oft verlieren Sie Ihre Schlüssel, Ihre Brille oder Ihren Geldbeutel? Wie oft haben Sie schon mal nach etwas gesucht, schließlich die Suche aufgegeben und sind dann Wochen oder Monate später zufällig darauf gestoßen? Oder könnte es sogar sein, dass es normalerweise einfacher für Sie ist, den Gegenstand noch mal zu kaufen, obwohl Sie genau wissen, dass Sie ihn bereits haben?

Chaotisch zu sein ist pure Zeitverschwendung. Es ist frustrierend und gibt einem das Gefühl, ein Versager zu sein. Viele Menschen bleiben aus einer jahrelangen Protesthaltung gegenüber der elterlichen Disziplin heraus chaotisch, einer Disziplin, die ihnen aufgezwungen wurde, als sie jung waren. Doch wenn Sie damit Ihr Leben lang weitermachen, sabotieren Sie sich selbst. Wenn man sich hingegen dazu entschließt, die Kontrolle über sein Zuhause selbst zu übernehmen, gibt einem das viel Kraft. Man kann endlich tun, was man will, anstatt sein Leben durch ungeklärte Erlebnisse aus der Kindheit bestimmen zu lassen.

Krempel kann ein Gesundheits- und Brandrisiko darstellen

Es kann noch weiter gehen: Wenn Krempel anfängt, schlecht zu riechen, zieht er Ungeziefer an, wird feucht und schimmlig oder beginnt auf andere Weise zu zerfallen. Außerdem wird es unhygienisch, ihn zu behalten – für einen selbst und für die Nachbarn. Manche Arten von Krempel können sogar eine Brandgefahr darstellen.

Wenn Ihnen Ihre eigene Gesundheit und Sicherheit etwas bedeuten und Sie weiterhin ein gutes Verhältnis zu Ihren Nachbarn haben wollen, dann schmeißen Sie alles raus, bevor es noch schlimmer wird (von selber wird es nämlich bestimmt nicht besser!).

Krempel kann eine unerwünschte Symbolik haben

Welche Botschaft sendet Ihr Krempel auf der symbolischen Ebene aus? Feng Shui lehrt uns, sehr wählerisch mit Verzierungen, Bildern und Fotografien umzugehen, da sie alle eine symbolische Bedeutung haben. Ich finde es schon erstaunlich, wie oft die Menschen an Dingen hängen, denen sie einen großen Erinnerungswert zusprechen, auf der symbolischen Ebene repräsentieren diese Dinge aber genau das, was sie nach eigenem Bekunden nicht mehr wollen.

Wer zum Beispiel allein ist und nach einem neuen Partner Ausschau hält, sollte darauf achten, alle einfachen Verzierungen und Einzelporträts zu vermeiden und sie durch paarweise auftretende Gegenstände und Bilder von Paaren zu ersetzen. Wer einen Hang zum Streiten hat, sollte darauf achten, dass nicht zu viel Rot in seiner Ausstattung vorkommt. Wer deprimiert ist, sollte alle nach unten hängenden Dinge aus seiner Wohnung verbannen und gegen aufgerichtete Dinge ersetzen, die die persönliche Energie ebenfalls aufrichten. Wenn Sie das Kapitel «Krempel und Feng Shui-Symbolik» weiter hinten im Buch lesen, wird Ihnen klar werden: Sobald Sie erkannt haben, dass der Kram die falschen Schwingungen für das ausstößt, was Sie aus Ihrem Leben machen wollen, werden Sie in einem Aufwasch die Hälfte Ihrer Sachen loswerden wollen.

Krempel kostet Geld

Was kostet es Sie eigentlich, Ihre Sachen in Ordnung zu halten? Manchmal, wenn auch die besten Argumente nichts mehr bringen, sind die Leute nur noch zur Vernunft zu bringen, wenn man einmal durchkalkuliert, wie viel ihr ganzer Plunder sie kostet.

Lassen Sie uns ein wenig rechnen. Gehen Sie durch jedes Zimmer Ihrer Wohnung und schätzen Sie, wie viel Prozent des Platzes von Dingen beansprucht werden, die Sie selten oder nie gebrauchen. Seien Sie dabei sehr ehrlich mit sich selbst. Wenn Sie die nackte Wahrheit haben wollen, beziehen Sie jedes Ding mit ein, das Sie nicht absolut lieben oder im vergangenen Jahr nicht gebraucht haben; wenn Sie sich der Sache etwas vorsichtiger nähern wollen, dehnen Sie den Zeitraum auf zwei oder drei Jahre aus. In einer Wohnung durchschnittlicher Größe könnten Sie zu einer Liste kommen, die folgendermaßen ausschaut:

1. Eingangsbereich   5 %
2. Wohnzimmer   10 %
3. Esszimmer   10 %
4. Küche   30 %
5. Schlafzimmer 1   40 %
6. Schlafzimmer 2   25 %
7. Rumpelkammer   100 %
8. Badezimmer   15 %
9. Keller   90 %
10. Speicher   100 %
11. Gartenhütte   60 %
12. Garage   80 %
    Gerümpel gesamt 565 %

Und nun teilen Sie die Summe durch die Anzahl der Bereiche.
565 Prozent : 12 Bereiche = durchschnittlich 47 Prozent Müll pro Zimmer!

In unserem Beispiel machen die Kosten für die Aufbewahrung des Gerümpels schwindelerregende 47 Prozent der Kosten für die Miete oder die Hypothek aus. Ich rate Ihnen ernsthaft, gleich Ihre eigenen Berechnungen anzustellen.

Vielleicht haben Sie sogar schon das Stadium erreicht, in dem Ihr Zuhause für das ganze Zeug schon zu klein geworden ist und Sie auch schon die überteuerte Miete für einen Stellplatz zahlen. Die Eigentümer solcher Depots verzeichneten in den vergangenen Jahren steigende Umsatzzahlen. In städtischen Gegenden muss man den Stellplatz oft mehrere Monate im Voraus buchen, wenn man einen sicheren Lagerraum mieten will. Ist das wirklich die lohnende Verwendung für Ihr Geld? Würden Sie es nicht lieber für etwas Besseres ausgeben?

Doch auch in anderer Beziehung müssen Sie für Ihre Gewohnheiten in Sachen Gerümpel bezahlen. Da ist allein schon die Zeit, die Sie verlieren, wenn Sie ihn kaufen und zu Hause einen Platz finden müssen, um ihn unterzubringen. Oft fallen Kosten an, weil Sie etwas kaufen müssen, worin Sie die Dinge unterbringen können. Wir sprechen hier über Vorratsbehälter, Regale, Schränke, Kleiderschränke, Schubladen, Aktenschränke oder Schrankkoffer, in Extremfällen wird sogar angebaut, ein Gartenschuppen errichtet, auf dem Speicher eine zusätzliche Decke eingezogen oder eine zweite Garage gebaut. Dann sind da noch die Kosten, den Krempel zu putzen, bei der richtigen Temperatur und Luftfeuchtigkeit zu halten, ihn vor dem Wetter oder vor Schädlingsbefall zu schützen und ihn zu transportieren, wenn Sie ausziehen. Vielleicht entscheiden Sie sich dafür, ihn zu versichern und ein Sicherheitssystem zu installieren, um ihn zu bewachen. Und schließlich darf man die Zeit, das Geld und die emotionale Energie nicht außer Acht lassen, die es kostet, mit dem ganzen Kram fertig zu werden, wenn man endlich zur Vernunft gekommen ist. Ist es das wirklich wert?

Die Gesamtkosten sind häufig höher als der Preis der Sachen selbst. Denken Sie doch einmal darüber nach. Sie investieren all die Zeit, das Geld und die Mühe, um Dinge zu kaufen, die Sie ohnehin nie gebrauchen werden, und zahlen dann auch noch dafür, sie ohne jeden vernünftigen Grund auf unbegrenzte Zeit aufzubewahren!

Krempel lenkt einen von wichtigen Dingen ab
Besitzen Sie Ihre Sachen oder ist es umgekehrt? Alles, was Sie besitzen, zieht Ihre Aufmerksamkeit auf sich. Und je mehr Kram Sie angesammelt haben, umso mehr Energie ist an weltliche Angelegenheiten gebunden. Wie der letzte Abschnitt gezeigt hat, sollte man unbedingt darauf achten. Wenn man seinen Krempel ausmistet, muss man sich nicht mehr unentwegt mit den Details seiner alltäglichen Sorgen herumschlagen und hat endlich den Blick frei für die wichtigen Dinge im Leben.

Wenn man einmal verstanden hat, welche Auswirkungen der Krempel auf einen hat, kann man die Dinge mit anderen Augen sehen und unter ganz neuen Gesichtspunkten entscheiden, ob man sie behalten will oder nicht. Ein lebenswichtiger Teil dieses Entscheidungsprozesses schließt auch das Verständnis darüber mit ein, weshalb es überhaupt erst so weit kommen konnte, dass man so viel Zeugs angesammelt hat. Davon handelt das nächste Kapitel.

6
Warum heben die Leute ihren Krempel auf?

Die Antwort auf diese Frage ist komplex, und wenn Sie die folgenden Seiten durchlesen, werden die verschiedenen Abschnitte mehr oder weniger auf Sie zutreffen.

Bei all den Beratungen, die ich gab, um den Menschen beim Ausmisten ihres Plunders zu helfen, stellte der Müll nur den physischen Aspekt des Problems dar. Hinter dem augenscheinlichen Grund für die Ansammlung von Krempel liegen immer viele Schichten mit tiefer gehenden Problemen verborgen. Entschuldigungen wie: «Ich bin so beschäftigt/faul/gestresst» lenken alle nur vom eigentlichen Thema ab. Mit solchen Rechtfertigungen versuchen die Menschen der Angelegenheit zu entkommen, ohne auf die psychologischen Ursachen für das Horten von Krempel schauen zu müssen. Wer nämlich genug Zeit hat, Krempel anzusammeln (und die Leute tun sich damit sehr leicht), hat bestimmt auch genug Zeit, ihn aufzuräumen.

Zuallererst möchte ich sagen, dass nach meiner Überzeugung jeder immer so gut handelt, wie er kann. Lassen Sie also jede Verurteilung des Krempels – Ihres eigenen und den anderer Leute – fallen. Man kann dabei so manches seiner Schuldgefühle ablegen. Wenn es Gerümpel in Ihrem Leben gibt, dann wird es auch einen Grund dafür geben, weshalb Sie es angesammelt haben. Diese Muster sind tief im Unterbewusstsein verborgen, und wenn man sie nicht durchschaut, bestimmen sie das Leben.

Wenn Sie sich ihrer bewusst werden, verlieren sie nach und nach ihre Macht über Sie, und bald schon werden Sie zurückblicken und über Ihren verrückten Sammeltrieb von früher nur noch lachen können.

Sachen «nur für den Fall» behalten

Wenn man die Leute fragt, weshalb sie ihren Krempel behalten, bekommt man zu hören: «Ich kann es doch nicht wegwerfen, weil ich es irgendwann einmal bestimmt brauchen kann». Auch wenn es selbstverständlich ist, ausreichende Vorräte von Dingen zu haben, die Sie regelmäßig benutzen – benötigen Sie wirklich alles, was Sie über die Jahre angesammelt haben?

«Wer weiß?», werden Sie vielleicht antworten und sich an all die Male erinnern, da Sie etwas weggeworfen haben, das Sie dann doch noch brauchten. Nun, dann lassen Sie mich jetzt also erklären, warum das geschah und wie man es ändert.

Wenn man Dinge «nur für den Fall» behält, lässt dies auf ein mangelndes Vertrauen in die Zukunft schließen. Schließlich schaffen wir mit unseren Gedanken unsere eigene Wirklichkeit. Wenn Sie also befürchten, dass Sie eine Sache doch noch brauchen werden, nachdem Sie sie bereits weggeworfen haben, wird Ihr Unterbewusstes ganz bestimmt wenig später eine Situation herbeiführen, in der Sie genau diese Sache benötigen, so sonderbar das erscheinen mag. «Wusste ich doch, dass das irgendwann mal nützlich sein würde!», rufen Sie aus, aber eigentlich hätten Sie diese Situation vermeiden können, wenn Sie anders gedacht hätten. Sie haben dieses Bedürfnis geschaffen, weil Sie daran geglaubt haben, dass Sie es einmal verspüren würden. Wenn Sie mit einer solchen Einstellung an die Sache herangehen, schicken Sie eine Botschaft ins Universum, dass Sie nicht darauf vertrauen, dass es für Sie sorgen wird. Und so werden Sie sich in Bezug auf die Zukunft immer verletzlich und unsicher fühlen.

Häufig sorgt man sich nicht nur um die eigene Zukunft. Vielleicht will man auch anderen aufrichtig helfen, die in Not sind. Dann hebt man die ganzen Sachen eben «nur für den Fall» auf, dass jemand anderes sie brauchen könnte. Nun behält man die Dinge für Leute, die man vielleicht noch nicht einmal kennt, und Situationen, die sich womöglich niemals ereignen werden; was es einem praktisch unmöglich macht, irgendetwas fortzuwerfen!

Hier sind einige der rührendsten Beispiele dieses «Das-könnte-ja-mal-eines-Tages-nützlich-sein»-Krempels, die mir unterkamen:

- Fünf Aquarien, die ein Mann auf dem Speicher aufhob, der gar keine Fische mochte!
- Eine ganze Speisekammer, die bis zur Decke mit leeren Flaschen, Margarine- und Eierpappen und Ähnlichem voll gestopft war, lauter Dinge, von denen nicht eines in zwanzig Jahren gebraucht wurde.
- Ein großes Spielzimmer voller Kinderspielsachen, das ein Ehepaar für den künftigen Sprössling des schwulen Sohnes aufhob, «nur für den Fall», dass er eines Tages seine Orientierung ändern, eine Frau heiraten und Kinder haben könnte.
- Ein kompletter Satz britischer Telefonbücher (mehrere Dutzend Bände) für das Jahr 1981 (entdeckt im Jahre 1997!).

Wenn Sie bei sich zu Hause nachgraben, werden Sie dieser Liste wahrscheinlich Ihre eigenen Kuriositäten hinzufügen können.

Das Wundervolle ist: Wenn man einmal völlig durchschaut hat, wie man ganz unvermittelt das Bedürfnis nach bestimmten Dingen entwickelt, die man dann letzten Endes eh wieder los werden will, ändert sich die Situation. Wenn man sich dazu entschließt, die Dinge loszulassen, wird man sie entweder nie wieder brauchen, oder es werden einem, falls man sie braucht, auf irgendeine Weise rechtzeitig gleichwertige oder bessere Dinge zur Verfügung stehen. Es gibt da tatsächlich einen bestimmten Trick, den allerdings jeder lernen kann: Je mehr man lernt, darauf zu vertrauen, dass das Leben sich um einen kümmert, umso mehr wird es tatsächlich für einen sorgen.

Identität

Man kann aber auch einer Sache anhaften, weil man irgendwie das Gefühl hat, dass die eigene Identität davon abhängt. Sie können zum Beispiel eine alte Eintrittskarte anschauen und sagen: «Ja, ich war da, das habe ich gemacht.» Sie können einen Schmuckgegenstand ansehen, den Ihnen einmal ein Freund gegeben hat, und sagen: «Ja, ich hatte einen Freund, der mich so geschätzt hat, dass er mir das schenkte.» Indem Sie sich mit diesen Erinnerungsstücken umgeben, fühlen Sie sich offenbar in dem bestätigt, was Sie sind.

Es ist schon gut, einige Geschenke und Andenken aus glücklichen Zeiten aufzuheben, vorausgesetzt allerdings, dass sie immer noch einen aktuellen Wert für Sie haben und es nicht so viele sind, dass sie Ihre Energie mehr an die Vergangenheit als an die Gegenwart binden. Am besten misten Sie immer wieder einmal aus, damit die Dinge, mit denen Sie sich umgeben, auch auf dem neuesten Entwicklungsstand Ihrer Persönlichkeit sind.

Allerdings macht es besondere Schwierigkeiten, diese Art von Besitz auszumisten. Manchmal identifiziert man sich so stark damit, dass man das Gefühl hat, einen Teil von sich selbst fortzuwerfen, und wenn es das Geschenk eines Freundes war, hat man das Gefühl, die Liebenswürdigkeit eines Freundes auf den Müll zu werfen. Das erklärt die vielen zwiespältigen Gefühle beim Ausmisten von sentimentalem Plunder, und bis zu einem gewissen Grad sind diese Gefühle richtig. Unser Eigentum wird mit unseren eigenen Schwingungen aufgeladen, und die Dinge, die wir oft gebrauchen, mögen oder selbst gemacht haben, sind besonders stark von unserer eigenen Energie durchdrungen. Geschenke von Freunden (besonders geschätzte Gegenstände, die mit Liebe für Sie ausgesucht wurden) sind von deren Energie durchdrungen. Das ist übrigens einer der tieferen Gründe, weshalb sich die Menschen so niedergeschlagen fühlen, wenn sie ihr gesamtes Hab und Gut durch Diebstahl, Feuer oder Überschwemmung oder andere so genannten Katastrophen verlieren. Sie trauern den Teilen ihrer selbst oder den Freunden nach, die sie mit dem Besitz verloren haben (obwohl es ja eigentlich wundervolle von Gott gesandte Gelegenheiten sind, die das höhere Selbst dieser Menschen mitgeschaffen hat, um ihnen einen Neuanfang im Leben zu ermöglichen).

Tatsache ist, dass unser Weiterleben und Wohlbefinden nicht davon abhängig sind, ob irgendwelche Dinge weiterhin in unserem Besitz bleiben oder nicht. Es ist völlig in Ordnung, sie loszulassen. Wenn Sie sich sehr stark mit bestimmten Dingen identifizieren und es sich leichter machen wollen, sollten Sie sich darum kümmern, dass sie ein gutes neues Zuhause finden. Sie sollten Sie mit Liebe loslassen und jemandem geben, der sie zu schätzen weiß und wirklich gebraucht. Auf diese Weise werden Sie sich mit der Zeit schuldiger dafür fühlen, an ihnen festzuhalten, als sie loszulassen, wenn man sie nämlich festhält, hindert man sie daran, ein völlig neues Verhältnis mit jemandem einzugehen, der sie wirklich in Ehren hält!

Status

Status hat damit zu tun, dass man etwas unbedingt haben muss, um seinen Nachbarn möglichst in nichts nachzustehen. Er dient dem Zweck, das Selbstwertgefühl aufzubessern. Nun sage ich keineswegs, dass jeder, der in einer großen Villa lebt, eine geringe Selbstachtung hat. Weit gefehlt. Dennoch bauen manche

Menschen eine Kulisse des Reichtums um sich herum, nur um mit ihrer äußeren Umgebung Schritt halten zu können. Doch keine Ansammlung von Dingen wird ihnen ausreichen, solange sie sich nicht der Frage nach ihrem Selbstwertgefühl auf einer tieferen Ebene stellen.

In der besitzorientierten westlichen Kultur verliert man sehr leicht den Bezug zu dem, was man ist und wozu man hier ist. Nirgends ist das offensichtlicher als in den USA, wo der persönliche Status oft nicht darüber definiert wird, was jemand ist, sondern darüber, wie viel er wert ist. Wenn Sie Dinge aus diesem Grund besitzen, investieren Sie jedoch in eine Illusion. Schließlich können Sie nichts von alldem mitnehmen, wenn Sie einmal abtreten. Ihr Status als ewiger Geist wird nach völlig anderen Regeln definiert als denen der vergänglichen Welt.

Sicherheit

Es ist zwar vernünftig, sich aus einem gewissen Grundbedürfnis nach Nestwärme heraus ein Zuhause zu schaffen, das den eigenen Ansprüchen gerecht wird. Doch ab einem bestimmten Punkt wird der Erwerbsdrang abwegig.

Die moderne Werbung wurde ganz bewusst dazu entwickelt, unsere Unsicherheit auszunutzen. «Wer das nicht hat, ist ein minderwertiger Mensch», lautet die stetige unterschwellige Botschaft, die wir von ihr empfangen. Wenn Sie herausfinden wollen, wir sehr wir beeinflusst werden, sollten Sie einmal versuchen, nicht auf die Werbeplakate zu schauen, wenn Sie nächstes Mal die Straße entlang gehen. Sofern Sie nicht in einem Land sind, dessen Sprache Sie nicht verstehen, wird Ihnen das äußerst schwer fallen. Diese Millionen teuren Werbebotschaften konditionieren uns gnadenlos und auf so überzeugende Art und Weise, dass wir es nicht einmal bemerken. Ständig werden wir von ihnen bombardiert – Fernsehen, Radio, Zeitungen, Zeitschriften, Poster, T-Shirts, das Internet –, alle ermutigen sie uns, zu kaufen und noch mal zu kaufen.

Doch es ist so: Ganz unabhängig davon, wie viel man auch besitzt, man wird sich niemals sicher fühlen. Sobald man eine Sache bekommt, gibt es immer etwas anderes, was man auch noch «braucht». Außerdem macht man sich Sorgen, das Zeug zu verlieren, das man bereits hat. Einige der unsichersten Leute, die ich kenne, sind Multimillionäre. Wahre Sicherheit kann nur aus dem Wissen um die eigene Identität kommen, nämlich, dass man weiß, wer man ist und welche Aufgabe man auf Erden hat.

Besitzansprüche

Lassen Sie uns einmal betrachten, was geschieht, wenn Sie sich dafür entscheiden, etwas Neues zu kaufen. Angenommen, Sie sind beim Einkaufen und schauen nach einer neuen Jacke. Sie finden eine, die Ihnen wirklich gut gefällt, und lassen sie für einen Augenblick hängen, um zu überprüfen, ob es wohl eine andere gibt, die Sie lieber mögen. Schon kommt ein anderer Kunde, der die Jacke anfasst und den Eindruck erweckt, als sei er daran interessiert, sie zu kaufen. Sofort kriegen Sie die Panik und denken: «Das ist MEINE Jacke.» Wie groß ist die Erleichterung, wenn der andere sie schließlich hinlegt und weitergeht. Oder die Peinlichkeit, ihm sagen zu müssen, dass Sie zuerst da waren. Diese Gefühle können ausgesprochen intensiv sein, wenn man es jedoch realistisch betrachtet, handelt es sich nur um eine Jacke, die einem noch wenige Minuten zuvor nichts bedeutet hat.

Dann kauft man sie, nimmt sie mit nach Hause, und die energetische Verbindung verstärkt sich. Wenn sie am nächsten Tag befleckt, zerrissen oder von einem vorübergehenden Elefanten übel zugerichtet wird, dann kann das eine Katastrophe, ein Desaster oder ein großer Kummer sein! Und doch bedeutete sie einem zwei Tage zuvor noch überhaupt nichts. Was ist also los?

Dieser Besitzanspruch und diese Habgier kommen direkt vom Ego, das die Dinge besitzen und kontrollieren will. Unser Geist weiß bereits, dass wir eigentlich nichts besitzen können. Deshalb geht es darum, sich darüber klar zu werden, dass Glück nicht vom Besitz von Dingen abhängt. Sie können einem zwar auf der Reise helfen, doch sind sie nicht die Reise selbst.

Die weitervererbte Krempelitis

Wir übernehmen die meisten Verhaltensmuster von unseren Eltern. Wenn eines unserer Elternteile oder beide zwanghaft Krempel anhäuften, ist die Wahrscheinlichkeit ziemlich groß, dass ihre Eltern es auch schon getan haben und deren Eltern ebenso. Solche Verhaltensmuster werden über Generationen hinweg weitergegeben.

Damit Sie besser einschätzen können, wogegen Sie überhaupt ankämpfen, wenn Sie von einer Linie krankhafter Krempelsammler abstammen, will ich eine Tatsache berichten, auf die ich neulich gestoßen bin. Wenn Sie nur sechshundert Jahre in Ihrem Stammbaum zurückgehen, was ungefähr zwanzig Generationen entspricht, und wenn jeder Ihrer krempelsüchtigen Vorfahren mit seiner Frau nur zwei Nachkommen zeugte, dann beläuft sich die Anzahl Ihrer direkten Vorfahren seit dem Jahr 1400 n. Chr. auf insgesamt über eine Million Menschen. Das ist ein enormes Ausmaß an vererbter Krempelitis, mit dem Sie sich da herumschlagen müssen.

Die Mentalität, etwas «nur für den Fall» aufzuheben, ist Teil unseres Armutsbewusstseins (das Gegenteil des Füllebewusstseins). Dieses psychologische Muster wird gewöhnlich von den Eltern an die Kinder weitergegeben. So mögen Sie persönlich in Ihrem bisherigen Leben noch nie Hunger gehabt oder noch nie etwas entbehrt haben. Doch weil diejenigen, die Sie aufzogen, solche Not erfahren haben, flößten sie Ihnen ihre Verlustängste mit der Muttermilch ein. Daher kommt es, dass die Menschen in Amerika immer noch die emotionale Last der Ängste auf den Schultern tragen, die aus der Zeit der großen Depression von 1929 stammen; viele Iren tragen das Vermächtnis der großen irischen Hungersnot der 40er-Jahre des 19. Jahrhunderts, und in vielen Ländern erinnern sich viele Menschen an die Rationierung in Kriegszeiten usw. Wenn Sie Ihre Denkweise bewusst ändern, können Sie sich von den Sorgen Ihrer Eltern und Vorfahren befreien. Falls Sie noch einen Schritt weiter gehen und sich mehr auf die Fülle konzentrieren als auf den Mangel, werden Sie mit Freuden die Dinge loslassen, die Sie nicht länger brauchen. Sie werden sogar ganz erpicht darauf sein, sie loszulassen – schließlich wollen Sie Platz für bessere Dinge schaffen.

In den vergangenen Jahrzehnten wurden viele Bücher darüber geschrieben, wie man die Muster vererbter Krankheiten und anderer Familienprobleme auflösen kann. Was wird mit Ihren Kindern geschehen, wenn Sie nicht lernen, mit Ihrer Krempelitis zurecht zu kommen? Sie haben jetzt die Gelegenheit, Ihre Familienlinie für alle kommenden Generationen zu reinigen. Und vieles weist darauf hin, dass solche Aktionen nicht nur denen helfen, die noch kommen werden, sondern sich auch auf der Zeitspirale zurückarbeiten und so Ihren Vorfahren helfen können, was wiederum Ihnen zu Gute kommt.

Der Glaube, dass «mehr» besser ist

Hier ist ein Beispiel: In der westlichen Welt haben wir eine ganze Sammlung von Messern in unseren Küchen. Wir haben kleine Messer, um kleine Dinge zu schneiden, und große Messer für die großen Dinge; manche haben spitze, manche eckige Klingen; manche sind leicht, andere wiederum schwer. Sorgfältig wählen wir für die jeweilige Aufgabe das passende Messer aus. Gehen Sie einmal nach Bali, und Sie werden etwas Interessantes entdecken. Nicht nur, dass es in den dortigen Haushalten nur ein Messer für alles gibt, selbst ein fünfjähriges Kind kann dort geschickter mit ihm umgehen als die meisten westlichen Köche (bitten Sie nur mal ein balinesisches Kind darum, Ihnen eine Ananas zu schälen). Wir sind von den Werbemogulen einer richtiggehenden Gehirnwäsche unterzogen worden. Sie soll uns glauben machen, dass wir eine solche Anzahl an Messern brauchen. Und so können die meisten von uns nicht ohne sie auskommen.

Diese «Mehr-ist-besser»-Mentalität wird uns ständig von Herstellern eingebläut, um Bedürfnisse in uns zu wecken und um ihre Produkte verkaufen zu können, und das leichtgläubige Volk fällt jedes Mal darauf rein. Wenn nächstes Mal einer dieser «Nützliche-Geräte-von-denen-Sie-nie-wussten-dass-Sie-sie-brauchen»-Kataloge in Ihren Briefkasten flattert, dann verbringen Sie mal eine vergnügliche halbe Stunde damit, ihn zu lesen und sich davon zu überzeugen, um wie viel besser Ihr Leben wäre, wenn Sie nur ein rutschfestes, bedienleichtes Vielzweckteil hätten, und dann schmeißen Sie die Broschüre voller Schadenfreude in den Wertmüll – ohne etwas zu bestellen. Einen Rückzieher zu machen, bevor man etwas Bestimmtes kauft, gibt einem ungeheuer viel Kraft, und wenn Sie ehrlich sind, hätten Sie es eh nie gebraucht!

Geiz

Eingefleischte Krempelanhänger weigern sich so lange, ihren Plunder herzugeben, bis sie das Gefühl haben, den vollen finanziellen Wert daraus gezogen zu haben, selbst dann, wenn sie die Sache im Sonderangebot gekauft oder umsonst bekommen haben. Sie kommen sich unanständig vor, etwas wegzugeben, bevor nicht der letzte Tropfen an Nützlichkeit aus ihm herausgequetscht wurde, selbst wenn das bedeutet, dass es im

Schrank liegt und lange darauf warten darf, bis seine Zeit gekommen ist.

Wenn Sie aus Knauserei an den Dingen hängen, werden Sie ständig das Gefühl haben, vom Leben schlecht behandelt zu werden. Solange Sie an Ihrem veralteten Plunder festhalten und so den Energiefluss blockieren, werden die guten Dinge es schwer haben, in Ihr Leben zu treten. Deshalb sollten Sie lieber ein bisschen locker lassen und schauen, was dann geschieht.

Krempel dazu benutzen, um Gefühle zu unterdrücken

Ist es Ihnen unangenehm, wenn Sie zu viel Freizeit und Freiraum um sich herum haben? Krempel füllt diesen Raum natürlich bestens aus und hält Sie beschäftigt. Doch wovor drücken Sie sich eigentlich? Gewöhnlich sind es Einsamkeit, Angst vor Nähe oder irgendein anderes verborgenes Gefühl, von dem man meint, es leichter im Krempel ertränken zu können, als sich mit ihm auseinander zu setzen. Es kostet jedoch unglaublich viel Energie, es auf Dauer zu unterdrücken. Deshalb werden Sie erstaunt sein, wie Ihr Leben abgeht, wenn Sie sich schließlich Ihren Ängsten stellen und zu sich selbst finden. Sein Gerümpel auszumisten ist eine der schmerzlosesten Möglichkeiten, diesen Konfrontationsprozess zu vollziehen, weil man die Geschwindigkeit selbst bestimmen kann.

Zwanghafte Persönlichkeitsstörung

Manche Menschen besitzen so viel Gerümpel, dass man allen Ernstes von einer zwanghaften Persönlichkeitsstörung sprechen kann. Wenn Sie bereits das Stadium erreicht haben, in dem Sie überhaupt nichts mehr wegwerfen, weil Sie befürchten, dass Sie es später noch einmal brauchen könnten, wird dieses Buch Ihnen dabei helfen, Ihr Problem zu verstehen. Doch darüber hinaus bedürfen Sie der professionellen Hilfe eines erfahrenen Therapeuten. Ich bin schon Leuten begegnet, die jeden Kassenbon aufhoben, jede Plastiktüte, jede Zeitung und was es sonst noch so gibt, nur aus der lähmenden Angst, dass etwas Schlimmes passieren könnte, wenn sie es nicht täten. Ihr Zuhause ist dann kein Kraft spendender Ort mehr, von dem aus sie sich ins Leben stürzen, sondern ein selbst geschaffener Albtraum.

Wenngleich das Ausmisten in keinster Weise eine anständige Therapie ersetzt, kann es einen wesentlichen Beitrag auf dem Weg zur Heilung und zu einem glücklicheren Leben ohne Zwänge leisten.

7
Loslassen

Der Prozess des Ausmistens hat mit Loslassen zu tun. Es geht nicht nur darum, seinen Besitz loszulassen. Am wichtigsten ist es vielmehr zu lernen, die Furcht loszulassen, die einen an ihm festhalten lässt, wenn es längst schon an der Zeit wäre, ihn auf seinem Weg zurückzulassen.

«Sie haben meine Stereoanlage abgeholt»
Ich lebe während der einen Hälfte des Jahres auf Bali in Indonesien und während der anderen im Westen. So halte ich es nun schon seit acht Jahren, als ich mich dafür entschied. Manchmal sagen mir die Leute, dass sie gerne mit mir tauschen würden. Sie bilden sich ein, ich hätte Geld im Überfluss und könne tun, was immer ich will, doch in Wirklichkeit hatte ich am Anfang nicht mehr als das unstillbare Verlangen, sechs Monate im Jahr in Bali zu verbringen. Wenn diese Leute einen ehrlichen Blick auf ihr eigenes Leben werfen und schauen würden, was sie davon abhält, das zu machen, was sie anscheinend so gerne tun würden, so stellte sich heraus, dass es vor allem die Anhaftung an ihrem Besitz ist. Sie selbst haben sich ihr Leben so eingerichtet, dass sie nicht frei sind, das zu leben, wonach sie sich eigentlich sehnen.

Stuart Wilde ist da ein Mann nach meinem Geschmack. Ich komme immer wieder an bestimmte Orte auf der Welt und höre, dass er gerade ein paar Tage vor mir da war. Deshalb hoffe ich, dass sich unsere Wege eines Tages kreuzen. In seinem Buch «Infinite Self» gibt es ein großartiges Kapitel. Es heißt «Halt an nichts fest».

«Alles, was Sie haben, ist in der göttlichen Fürsorge. Wenn Sie heimkommen und die Stereoanlage fehlt, sagen Sie besser, ‹Ah, sie haben sich die Stereoanlage geholt›, als sich darüber aufzuregen. Sie ist lediglich zur göttlichen Kraft zurückgegangen. Jemand anderes hat sie jetzt. Das macht Platz für eine neue Stereoanlage oder öffnet den Raum dafür, völlig ohne Stereoanlage zu leben. Nun können Sie in Ruhe meditieren und darüber nachdenken, wer Sie sind und was Sie von diesem Leben erwarten.»

Und wenn man nach etwas sucht, wofür man sein Geld ausgeben kann, gibt er folgenden Rat:

«Die wahre Funktion des Geldes besteht nicht darin, es zu besitzen, sondern es zu gebrauchen. Die Hauptmotivation beim Geldverdienen besteht darin, Erfahrungen zu kaufen. Sie möchten am Ende Ihres Lebens nichts auf dem Konto haben, aber sagen können: ‹Mein Gott, schau auf diesen gewaltigen Stapel von Erfahrungen›, denn keine dieser Erinnerungen ist verloren gegangen.»

Nur auf der Durchreise

Das Leben ändert sich ständig. Wenn also etwas in Ihr Leben tritt, sollten Sie es genießen, Ihren Nutzen daraus ziehen und es loslassen, wenn es an der Zeit ist. So einfach ist das. Nur weil Sie etwas besitzen, heißt das nicht, dass Sie es für immer behalten müssen. Die Dinge, die unseren Weg kreuzen, sind nur vorübergehend in unserer Obhut. Letzten Endes können wir die Sachen in unserem Küchenschrank nicht mitnehmen, wenn wir sterben, und wer würde dergleichen schon wollen!

Alles Materielle ist nichts anderes als Energie im Übergang. Sie mögen denken, dass Sie ein Haus besitzen und Geld auf der Bank haben, doch in Wirklichkeit gehört Ihnen nicht einmal der Körper, in dem Sie sich gerade befinden. Er ist eine Leihgabe des Planeten und wird, nachdem Sie mit ihm fertig sind, automatisch recycled und in einer anderen Form ohne Sie wieder erscheinen. Sie sind ein Geist – ein herrlicher, ewiger, unzerstörbarer Geist –, doch Ihre menschlichen Lebensumstände könnte man am besten als übergangsmäßige Situation im gemieteten Körper beschreiben.

Ihr Körper ist nur für eine bestimmte Zeit der Tempel Ihrer Seele. Die Dinge, mit denen Sie sich im ausgeweiteten Tempel Ihrer Wohnung umgeben, müssen sich deshalb mit Ihnen verändern, wenn Sie sich verändern und wachsen, damit sie widerspiegeln, wer Sie sind. Besonders, wenn Sie auf irgendeine Weise an sich arbeiten, werden Sie Ihre Umgebung regelmäßig auf den neuesten Stand bringen müssen. Sie sollten also immer eine Spur von ausrangiertem Gerümpel hinter sich zurücklassen und damit beginnen, dies als ein Zeichen Ihres Fortschritts anzusehen!

Die Angst, loszulassen

Die Menschen halten an ihrem Plunder fest, weil sie Angst vorm Loslassen haben – Angst vor den Gefühlen, die sie durchleben könnten, wenn sie den Krempel aussortieren, Angst, sie könnten einen Fehler begehen, wenn sie etwas wegwerfen, Angst, sie könnten dadurch verletzlich, ungeschützt oder Gefahren ausgesetzt werden. Das Ausmisten kann viel an die Oberfläche bringen, mit dem man sich auseinander setzen und zurecht kommen muss, und jeder weiß das auf intuitive Weise.

Die Ergebnisse beim Ausmisten sind den Aufwand allemal wert. Liebe und Angst können nicht im selben Raum existieren, also hält alles, woran wir aus Angst festhalten, uns davon ab, in unserem Leben mehr zu lieben. Wenn wir das Gerümpel aber wegschaffen, wird mehr Liebe in unser Leben strömen können. Die Angst hält einen davon ab, zu sein, wer man wirklich ist, und das zu tun, wozu man hergekommen ist. Angst unterdrückt die Lebenskraft; wenn man den Krempel hingegen freigibt, hilft das einem, zu seiner eigenen natürlichen Vitalität zurückzufinden. Es macht einen frei dafür, man selbst zu sein, und das ist das größte Geschenk, das man sich überhaupt machen kann.

TEIL ZWEI
Wie man Gerümpel identifiziert

8
Das Gerümpel und das Feng Shui-Bagua

Wenn die vorausgehenden Kapitel Sie nicht dazu motiviert haben, mit dem Ausmisten zu beginnen, dann wird dieses bestimmt bei Ihnen einschlagen.

Der Bagua-Gerümpel-Check

Das Feng Shui-Bagua ist ein Raster, das aufzeigt, inwiefern die verschiedenen Bereiche eines Gebäudes mit den einzelnen Aspekten unseres Lebens zusammenhängen.

Wenn es bei Ihnen zu Hause oder an Ihrem Arbeitsplatz einen bestimmten Bereich gibt, der immer wieder ebenso schnell unordentlich wird, wie Sie ihn aufräumen, dann sollten Sie nachschauen, in welchem Bereich des Bagua er sich befindet, und überprüfen, was in diesem Teil Ihres Lebens vor sich geht. Sie werden sehr wahrscheinlich herausfinden, dass dieser Teil Ihres Lebens der ständigen Aufmerksamkeit bedarf und immer wieder Schwierigkeiten macht. Unser Leben und die Gebäude, die wir bewohnen, sind nicht voneinander zu trennen! Also ist es weise, wählerisch mit dem zu sein, was man in diesem Bereich aufbewahrt, um dadurch mehr Leichtigkeit und Harmonie in ihn hineinzubringen.

Noch ernsthaftere Folgen kann es haben, wenn man richtigen Müll aufbewahrt. Eine Rumpelkammer in der Wohlstandszone Ihrer Wohnung kann in Ihrem Leben zum Beispiel zu finanziellen Problemen führen. Ein Steuerberater, der einen meiner Workshops besuchte, entschied sich, die Probe aufs Exempel zu machen. Seine Geschäfte waren rückläufig, und er bemerkte, dass sich in der Wohlstandszone seines Büros ein Haufen zerbrochener Spiegel und Zierrat befand. Nachdem er ihn ausgemistet hatte, bekam er zu seinem Erstaunen innerhalb weniger Tage zwei Anrufe von Interessenten, die von da an Stammkunden bei ihm wurden. Noch außergewöhnlicher war die Tatsache, dass es sich dabei um große Firmen handelte, die über ihre bisherigen Steuerberatungsbüros verärgert gewesen waren. Sie hatten sich überraschenderweise für den ungewöhnlichen Weg entschlossen, die Gelben Seiten durchzuschauen, und so kam es, dass sein Steuerberatungsbüro das erste war, das sie herausgriffen! Er war so beeindruckt, dass er zurückkam, um einen weiteren Workshop zu besuchen und uns die ganze Geschichte zu erzählen. Im Laufe der Jahre habe ich noch von zahlreichen ähnlichen Erfolgen gehört.

Das Bagua anwenden

Ein eingehendes Studium des Feng Shui-Bagua kann viele Jahre in Anspruch nehmen, und nachdem Sie dieses Buch gelesen haben, werden Sie vielleicht daran interessiert sein, einen tieferen Einblick in das Bagua zu gewinnen. Weil ich Sie jedoch dazu motivieren will, Ihren Krempel auszumisten, werde ich es nur in Grundbegriffen und mit Hilfe eines sehr vereinfachten Diagramms erklären.

Gehen wir einmal davon aus, dass Sie das Bagua bei sich zu Hause anwenden wollen. Nehmen Sie ein gewöhnliches Blatt Papier und skizzieren Sie den Plan Ihres Gebäudes – ein Grundriss, der alle Wände und Türen aus der Vogelperspektive zeigt, reicht schon aus. Wenn Sie in einem bestimmten Teil eines Hauses zur Miete wohnen, zeichnen Sie nicht das ganze Ge-

Wohlstand Vermögen Reichtum	Ruhm Ruf/Reputation Erleuchtung	Beziehungen Liebe Heirat
Vorfahren Familie Gemeinschaft	Gesundheit ● Einheit	Kreativität Nachwuchs Projekte
Wissen Weisheit Weiterentwicklung	Karriere Lebensweg Die Reise	Hilfreiche Freunde Mitgefühl Reise

Das Feng Shui Bagua (vereinfachtes Diagramm)

bäude, sondern nur die Wohnung oder das Zimmer, in dem Sie leben.

Als Nächstes drehen Sie das Blatt Papier, bis der Haupteingang des Hauses, der Wohnung oder des Zimmers parallel zum unteren Ende des Blattes liegt, so als würden Sie davor stehen und geradewegs hineingehen. Der Haupteingang ist der entscheidende Faktor bei der Bestimmung des Bagua, weil durch ihn sowohl die Menschen als auch die Energie in Ihre Wohnung kommen. Hier sind einige Beispiele (siehe die folgenden Seiten).

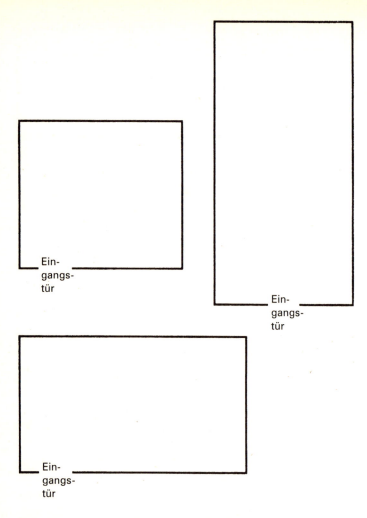

Den Plan eines regelmäßig geformten Gebäudes oder Raumes zeichnen

(Eine besondere Fußnote für Iren und andere besonders freundliche Völker: wenn Sie, Ihre Familie, Ihre Gäste und der Postbote Ihre Hintertüre als Haupteingang benutzen, dann ist Ihr Hintereingang der Haupteingang, den Sie zum Anlegen des Bagua gebrauchen!)

Im nächsten Schritt legen Sie das Zentrum Ihrer Wohnung fest, damit Sie das Bagua im Plan einzeichnen und von ihm ablesen können, wo sich die einzelnen Bereiche Ihres Lebens im Gebäude befinden. Bei einem quadratischen oder rechteckigen Gebäude ist das einfach. Sie ziehen ganz einfach die Diagonalen von Ecke zu Ecke, um den Mittelpunkt zu bestimmen, und legen diesen Mittelpunkt dann auf den des Bagua. Beachten Sie bei diesen Diagrammen, dass das Bagua einen elastischen Charakter hat und sich ausdehnt, um die rechteckige Gestalt auszufüllen.

Wenn das Gebäude eine unregelmäßige Form hat, müssen Sie es erst in Quadrate einteilen, bevor Sie die diagonalen Linien einzeichnen können, um den Mittelpunkt zu bestimmen, und ihn dann auf den Punkt im Zentrum des Bagua legen.

Baguas innerhalb von Baguas

Hier wird es sogar noch interessanter. Das Bagua wird nicht nur auf das Gebäude als Ganzes angewendet, es gibt vielmehr auch ein Bagua für das Land, auf dem das Gebäude steht (drehen Sie den Grundstücksplan so herum, dass das untere Ende des Gitters mit dem Haupteingang des Grundstücks auf einer Linie liegt), und ein Bagua für jedes Zimmer innerhalb des Gebäudes (bringen Sie das untere Ende des Gitters auf eine parallele Linie mit dem Eingang jedes Zimmers).

Das macht somit Schluss mit all Ihren Hoffnungen, Ihren Plunder in einem Schuppen am Ende Ihres Gartens verschwinden lassen zu können. Ein Gerümpelschuppen in der äußersten

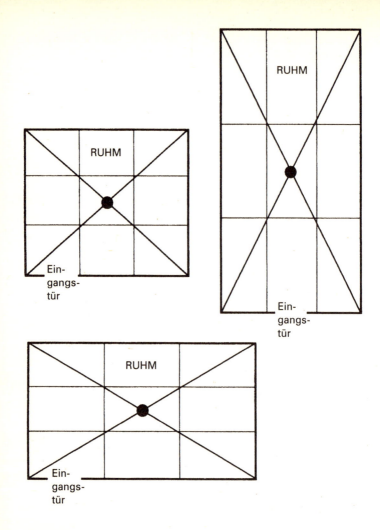

Den Mittelpunkt Ihrer Wohnung festlegen und das Bagua einzeichnen.

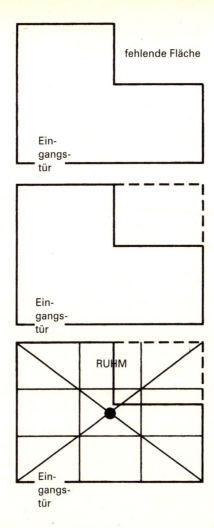

Eine komplexere Form; teilen Sie die fehlende Fläche in Quadrate ein, um den Mittelpunkt Ihrer Wohnung zu bestimmen, und zeichnen Sie das Bagua ein.

linken Ecke Ihres Gartens wird Ihre Finanzen sabotieren, einer in der rechten Ecke wird Ihre Beziehungen belasten, einer mitten am unteren Ende Ihres Gartens wird Ihrem Ruf schaden und so weiter. Sie können Ihren Krempel nirgends hintun, ohne dass er Sie beeinflussen würde!

Der Krempel und das Bagua

In meinem ersten Buch «Heilige Orte erschaffen mit Feng Shui» finden sich reichlich Informationen darüber, wie man mit Feng Shui jeden Bereich des Bagua heilen und verändern kann, um so die entsprechenden Aspekte seines Lebens zu verbessern. In diesem Buch liegt mein Augenmerk jedoch auf den Wirkungen, die das Aufbewahren von Gerümpel im jeweiligen Bereich hervorruft.

Probieren Sie nun folgende einfache Übung aus. Sie denken an einen Schrank in Ihrer Wohnung, der völlig mit Zeug voll gestopft ist – einer, der sich schon so lange in diesem Zustand befindet, dass Sie vergessen haben, was gerade darin ist. Dieser Schrank entspricht einem Teil von Ihnen. Es gibt einen Teil von Ihnen, zu dem Sie so sehr den Kontakt verloren haben, dass Sie nicht mehr wissen, was dort drin geschieht. Um herauszufinden, was das sein könnte, müssen Sie herausfinden, in welchem Bagua Ihrer Wohnung und des Raumes sich der Schrank befindet. Wenn es ein Raum ist, den Sie häufig gebrauchen, wird dieses Bagua das Wichtigste sein, worauf Sie schauen müssen; ansonsten gehen Sie zum Bagua Ihrer Wohnung im Ganzen weiter.

Die neun Sektionen des Bagua

Wie Sie bereits bemerkt haben werden, hat jede Sektion des Bagua mehrere verschiedene Namen. Dadurch bekommen Sie ein besseres Gefühl für die verschiedenen Ebenen und energetischen

Frequenzen, die jeder einzelne Bereich umfasst. Nehmen Sie sich nur den Namen heraus, der Ihnen besonders zusagt.

Wohlstand, Vermögen, Reichtum, Segnungen des Glücks Gerümpel in diesem Bereich blockiert den Geldfluss, beeinflusst Ihre gesamte finanzielle Lage und macht es Ihnen schwer, Reichtum zu erlangen.

Ruhm, Ruf, Erleuchtung Wenn dieser Bereich voll gestopft ist, kann das Ihren guten Ruf verblassen und Ihre Beliebtheit dahinschwinden lassen. Enthusiasmus, Leidenschaft und Inspiration werden bei ihnen ebenfalls Mangelware sein.

Beziehungen, Liebe, Heirat Ein unordentlicher Beziehungsbereich kann Schwierigkeiten beim Finden eines Liebespartners bereiten oder in einer bestehenden Beziehung Probleme verursachen. Sie bekommen nicht, was Sie brauchen oder wollen.

Vorfahren, Familie, Gemeinschaft Gerümpel in diesem Feld kann ebenso Probleme mit Vorfahren, Autoritätspersonen und Eltern hervorrufen, wie mit der Familie und der Gemeinschaft im Ganzen.

Gesundheit, Einheit Hier zieht das Gerümpel schädliche Konsequenzen für die Gesundheit nach sich; darüber hinaus wird Ihrem Leben ein sinnvoller Mittelpunkt fehlen.

Kreativität, Nachwuchs Wenn dieser Bereich Ihrer Wohnung mit Krempel voll gestopft ist, werden Sie vielleicht schon Blockaden bei Ihrer Kreativität bemerkt haben, Widerstände, Projekte zu einem erfolgreichen Abschluss zu bringen, und womöglich werden Sie auch Schwierigkeiten in Beziehungen mit Kindern oder mit Leuten haben, die für Sie arbeiten.

Wissen, Weisheit, Weiterentwicklung Gerümpel in diesem Bereich schränkt die Lernfähigkeit ein und behindert einen dabei, weise Entscheidungen zu treffen und sich weiterzuentwickeln.

Karriere, Lebensweg, die Reise Wer hier seinen Unrat hortet, empfindet sein Leben als ein einziges Schwimmen gegen den Strom. Man hat das Gefühl, sich festgefahren zu haben und nicht tun zu können, was man gerne tun würde – womöglich weiß man nicht einmal, wovon man träumt.

Hilfreiche Freunde, Mitgefühl, Reisen Krempel in diesem Bereich blockiert den Fluss von Unterstützung. Deshalb haben Sie auch ständig das Gefühl, es allein schaffen zu müssen. Zudem hemmt es Reise- und Umzugspläne.

Der Bagua-Test

Als große Skeptikerin kann ich Sie nur von ganzem Herzen ermutigen, die Stichhaltigkeit dieser Informationen zu überprüfen, bevor Sie sie akzeptieren. Eine Möglichkeit, das zu tun, besteht darin, einen bestimmten Bereich des Bagua herauszugreifen, der in Ihrem Leben gut läuft, einen ganzen Haufen von Gerümpel dort hineinzustopfen und ihn dann für einige Monate dort zu lassen und zu schauen, was geschieht. Ich habe das einmal ausprobiert, und es war eine Katastrophe!

Eine andere, produktivere Methode, die ich eher empfehlen würde, besteht darin, einen Bereich herauszugreifen, der nicht gut läuft, und den entsprechenden Bereich des Bagua auszumisten. Nehmen wir beispielsweise einmal an, Sie haben grundsätzlich das Gefühl, zu wenig unterstützt zu werden. In diesem Fall müssten Sie den Krempel im Hilfreiche-Freunde-Bereich Ihres Gartens ausräumen, dann den Hilfreiche-Freunde-Bereich des Bagua Ihrer gesamten Wohnung und schließlich die Hilfreiche-Freunde-Bereiche der Zimmer, in denen Sie viel Zeit verbringen. Sollten einige dieser Orte aus irgendeinem Grund unzugänglich sein (angenommen, es wohnt gerade ein Untermieter in diesem Teil Ihrer Wohnung), müssen Sie eben in den zugänglichen besonders gute Arbeit leisten.

Natürlich ist es am besten, allen Krempel hinauszuschaffen, egal, wo er sich befindet. Es wird allen Bereichen Ihres Lebens gleichermaßen zugute kommen.

Das folgende Kapitel handelt davon, wie man bestimmte Typen von Gerümpel erkennt, und wirft einen ersten Blick auf die beliebtesten Ecken, in denen sich das Gerümpel besonders gerne ansammelt.

9
Gerümpelbereiche in Ihrer Wohnung

Stellen Sie sich Ihr Zuhause einmal als dreidimensionale Grafikdarstellung Ihres eigenen Lebens vor. Wenn Sie den Raum mit anderen teilen, mögen Sie vielleicht einwenden, dass es eher deren Leben repräsentiert als das Ihre, besonders wenn sie Ihnen zahlenmäßig überlegen sind, doch diese Argumentation zieht nicht. Alles um Sie herum spiegelt nämlich Sie selbst wieder, und das schließt nicht nur Ihr Zuhause mit ein, sondern auch alle Leute, die dort ebenfalls leben, sowie das, was sie dort hervorbringen.

Dieses Kapitel stellt einige der Bereiche vor, in denen sich Gerümpel vor allem ansammelt, und erklärt, wie sie sich auf Sie auswirken können.

UNTERGESCHOSSE, SPEICHER
UND RUMPELKAMMERN

Untergeschosse und andere Arten von unterirdischer Lagerung

Ihr Untergeschoss oder Keller symbolisiert Ihre Vergangenheit und Ihr Unterbewusstsein. Ein voll gestopftes Untergeschoss steht für Angelegenheiten aus der Vergangenheit, die nicht bearbeitet wurden; oft sind das äußerst schwer wiegende Angelegenheiten (die Menschen neigen nämlich dazu, gerade ihren schwersten Kram im Untergeschoss verschwinden zu lassen). An der Zeitspanne, während der er schon dort unten lag, werden Sie erkennen, wie lange Sie sich schon vor der Konfrontation mit den Angelegenheiten drücken, die diese Dinge symbolisieren – und vergessen Sie nicht, die Zeit hinzuzurechnen, bevor diese Gegenstände in den Keller verbannt wurden und in der Sie diese Sachen nicht benutzten.

Wenn Sie die Dinge lange genug im Keller lassen, werden wahrscheinlich Mehltau, Mäuse, Feuchtigkeit, Pilze oder irgendein anderer natürlicher Retter bei der Entscheidung nachhelfen und schließlich für ihren Rausschmiss sorgen. Doch wie groß ist der Einfluss, den diese Vorgänge während dieser Zeit auf Ihr Leben ausüben? Hoffnungslosigkeit, Depression, Lethargie, Ziellosigkeit oder die Behinderung des eigenen Fortschritts sind nur einige der unerfreulichen Nebeneffekte von unterirdisch gelagertem Krempel.

Gewiss kann man seinen Keller in gewissem Umfang für die Lagerung nutzen, doch muss man regelmäßig überprüfen, was alles da ist. Man sollte nur Dinge behalten, die man tatsächlich von Zeit zu Zeit gebraucht, anstatt so viel Zeug dort unten horten, dass Luft und Energie am Ende nicht mehr zirkulieren können.

Speicher

Auf dem Speicher gelagerte Dinge können Ihre Selbstentfaltung und Ihr Streben nach Höherem behindern. Sie sabotieren sich regelrecht, wenn Sie sich unnötige Beschränkungen auferlegen. Sie neigen dazu, sich mehr Sorgen um die Zukunft zu machen als andere Menschen, so als ob die Probleme wie ein Damoklesschwert über Ihnen hingen und jederzeit herunterstürzen könnten! Viele Leute schreiben mir, was für einen Unterschied es macht, wenn man seinen Speicher ausgemistet hat.

«Ich habe eine Woche dafür gebraucht, den Dachboden auszumisten, doch fühlte ich mich phantastisch dabei und platze jetzt vor Energie.»

«Ich hatte Andenken aus über vierzig Jahren auf meinem Speicher gelagert – alte Liebesbriefe, Fotos, Krimskrams und Souvenirs. Sie zogen nur den Staub an und gaben Mäusefraß ab. Ich räumte den ganzen Haufen weg und wandelte den Speicher in ein Kunstatelier um, das inzwischen zu meinem Lieblingszimmer im ganzen Haus geworden ist. Meine neu entdeckte Kreativität hat mir so viel Freude gemacht.»

«Ich buchte eine Beratung bei Ihnen, weil mein Geschäft schon seit einigen Jahren schlecht lief, und ich hoffte, Ihre Feng Shui-Wunder könnten dazu beitragen, dass es wieder aufwärts geht. Zu aller Letzt hätte ich erwartet, dass Sie von mir verlangen würden, meinen Dachboden auszuräumen, und ich muss zugeben, dass ich es nicht von allein getan hätte. Es war meine Frau, die schließlich auf mich einredete. Nun wollte ich Sie nur wissen lassen, dass es genauso war, wie Sie sagten – erst jetzt scheint mein Geschäft sein richtiges Gesicht zu zeigen. Es floriert wieder auf eine neue und aufregende Art und Weise.»

Rumpelkammern

Hoffentlich hat Sie das Kapitel über das Bagua davon abgebracht, jemals wieder eine Rumpelkammer einzurichten. Die düstere Energie, die von Rumpelkammern ausgeht, ist höchst unerfreulich und kann zum Hemmschuh für jeden Bereich Ihres Lebens werden. Wenn Ihre Lebensumstände eine Rumpelkammer absolut erfordern, dann räumen Sie sie wenigstens auf und ordnen Sie, was darin ist.

Kruschtelschubladen

Was ich hierzu zu sagen habe, wird Sie womöglich überraschen. Mein Rat lautet nämlich, dass Sie eine Kruschtelschublade einrichten sollten. Sie suchen einfach eine Schublade aus, in die Sie alles hineinwerfen können. Wenn Sie in einem großen Haus wohnen, werden Sie vielleicht in jedem Stockwerk eine solche Kruschtelschublade brauchen.

Die ganze Ausmisterei hat nichts mit Perfektionismus zu tun – es geht lediglich darum, Ihr Eigentum so zu behandeln, dass die Energie Ihrer Wohnung pulsiert und fließt, anstatt schwerfällig zu werden und zu stagnieren. In unserer geschäftigen Welt ist es manchmal eine willkommene Erleichterung, einfach eine Schublade öffnen und all die Sachen hineintun zu können, die sonst im Raum herumfliegen würden. Wer eine Kruschtelschublade hat, sollte allerdings drei Regeln beachten:

1. wählen Sie eine kleine Schublade
2. benutzen Sie sie sparsam und
3. misten Sie sie regelmäßig aus

EINGÄNGE, TÜREN UND DURCHGÄNGE

Der Haupteingang

Im Feng Shui repräsentiert der Haupteingang zu Ihrer Wohnung Ihren Zugang zur Welt und zu Ihrem Leben. So, wie die Menschen durch diese Türe ein- und ausgehen, genau so tut es auch die Energie. Ist dieser Bereich auf irgendeine Weise zugestellt, kann das die Gelegenheiten beschränken, die Ihnen zufliegen, und Ihr Fortkommen in der Welt behindern. Deshalb ist es sehr wichtig, diesen Bereich frei zu halten. Gerümpel in der Nähe des Haupteingangs macht das Leben unnötig kompliziert.

Gehen Sie einmal durch Ihren Haupteingang und machen Sie eine objektive Bestandsaufnahme. Wird der Weg dorthin durch überhängende Zweige oder wuchernde Pflanzen versperrt? Liegt Unrat vor der Tür, oder ist er vom Zugang aus zu sehen, wenn Sie das Gebäude betreten oder verlassen? Müssen Sie sich Ihren Weg an einer Garderobe vorbeikämpfen, an der sich fünf Schichten von Mänteln türmen, verstreute Schuhe, Gummistiefel, Regenmäntel, Hüte, Handschuhe, Schals und allerlei sonstiges Drum und Dran? Ordnen Sie diesen Bereich so, dass er so krempelfrei wie möglich ist, und versichern Sie sich vor allen Dingen, dass kein Zeug hinter die Türe gezwängt ist, das sie daran hindert, sich vollständig zu öffnen.

Der Hintereingang

Alles isst und scheidet aus – das werden Sie im weiteren Verlauf dieses Buches noch genauer erfahren, wenn ich auf die Wunderwirkungen der Dickdarmreinigung zu sprechen komme. Wenn Ihr Haupteingang der Mund ist, durch den alle Dinge hereinkommen, dann lässt sich daraus logisch folgern, dass Ihre Hintertüre der ... ist (Sie können sich ja denken, was ich meine). Um zu verhindern, dass Ihre Wohnung an Verstopfung leidet, müssen Sie also dafür sorgen, dass sich auch hier kein Krempel ansammelt.

Hinter den Türen

Man kann ganz einfach herausfinden, ob Feng Shui funktioniert oder nicht. Man geht durch seine Wohnung und räumt den Kram hinter sämtlichen Türen weg. Das schließt alles ein, was an Kleiderhaken oder am Türknauf hängt (Morgenmäntel, Handtücher, Taschen), sowie Dinge, die es unmöglich machen, die Türe völlig zu öffnen (Möbel, Wäschekörbe etc.). Sie werden sehen, wie sehr das Ihr Leben erleichtert. Es ist so einfach und effektiv. Wenn sich die Türen nicht leicht öffnen lassen, kann die Energie nämlich nicht frei in Ihrer Wohnung umherfließen, und alles, was man tut, kostet einen mehr Mühe. Wenn Sie den Krempel wegräumen, strömt die Energie hingegen leichter und so auch Ihr Leben.

Durchgänge

Gerümpel in Korridoren, Durchgängen und Treppenhäusern verhindert, dass der lebensspendende Energiestrom ungehindert durch die Wohnung fließen kann. Das Leben schleppt sich nur so dahin, statt schwungvoll zu fließen. Am schlimmsten ist aber die Art von Krempel, die einen dazu zwingt, beim Gehen seinen Körper zu verrenken, weil man sich um ihn herummanövrieren muss. Deshalb sollte man alle Durchgänge so sauber wie möglich halten.

WOHNBEREICHE

Das Wohnzimmer

Diese Zimmer sind von Wohnung zu Wohnung sehr unterschiedlich gestaltet. Die einen werden peinlichst aufgeräumt und sauber gehalten, sind frei von Krempel und können sich deshalb immer sehen lassen. Andere schauen dagegen ständig so aus, als wäre ein Hurrikan durchgefegt.

Es ist wichtig, dass Ihr Zuhause ein «Herz» hat, zu dem sich die Leute ganz selbstverständlich hingezogen fühlen, um dort ihre Zeit zu verbringen und gemeinsam «abzuhängen». Auch wenn Sie allein wohnen, muss es einen Platz geben, wo Sie das für sich allein tun können. Ein Heim ohne Herz ist kein wirkliches Zuhause.

Manchmal wird der Küchentisch oder das Esszimmer zum Ballungspunkt dieser Energie, manchmal das Wohnzimmer. Wo auch immer er sich befindet, es ist wichtig, dass die Energie nicht zu schnell durch den Raum saust. Sie muss sich sammeln und der Umgebung anpassen können, bevor sie weiterzieht. Deshalb können in diesem Fall einige wenige wohl platzierte Schmuck- oder Kunstgegenstände angebracht werden, um die Energie zu verankern und eine heimelige Atmosphäre zu schaffen. Richten Sie diesen Raum so einladend wie möglich ein. Besonders wichtig ist ein attraktives Prachtstück, das für die Leute, die dort leben, etwas Belangvolles und Inspirierendes verkörpert.

Die Küche
Was lauert eigentlich in Ihren Küchenschränken? Ein Mann erzählte bei einem meiner Workshops, dass er sich nach der Lektüre meines Buches dazu entschloss, sich erst einmal durch alle Lebensmittel hindurchzuessen, die er zu Hause hatte. Er nahm sich vor, nicht einzukaufen, bis er alles verbraucht hätte. Es gelang ihm, fast acht Wochen auf diese Weise zu leben! Am Ende hatte er seine Vorräte bis auf zehn Dosen dezimiert. Da er sie nicht mochte, warf er sie in den Mülleimer und ging einkaufen!

Räumen Sie Ihre ganzen Schränke einmal vollständig aus und vergessen Sie dabei nicht den Kühlschrank und das Tiefkühlfach.

SCHLAFZIMMER
Dinge, die nicht ins Schlafzimmer gehören

Dient Ihr Schlafzimmer als Abstellkammer für all die Sachen, von denen Sie nicht wissen, wo Sie sie sonst hintun sollen? Wenn das zutrifft, behandeln Sie sich selbst wie einen Menschen zweiter Klasse. Schließlich ist es wirklich nicht gerade das Ideale, Computer, Heimtrainer, kaputte Geräte und andere ungeeignete Dinge in Ihren Schlafbereich hineinzupferchen. Krempel im Schlafzimmer ist absolut verboten, für Kinder wie für Erwachsene. Ob Sie nun allein und auf der Suche nach einem Partner sind oder bereits in einer Beziehung stehen, es zahlt sich immer aus, Ihr Schlafzimmer aufgeräumt und frei von jeglichem Plunder zu halten. In dreckiger Wäsche hängt eine muffige Energie, weshalb man seinen Wäschekorb nie im Schlafzimmer aufbewahren sollte. Außerdem sollten Sie Ihr Bettzeug garantiert einmal die Woche wechseln, um Ihre Energie vital und frisch zu halten – lauter Tipps, die sich positiv auf Ihren Schlaf und auf Ihr Liebesleben auswirken werden.

Unter den Betten
Alles in Ihrem Energiefeld wirkt sich auf die Qualität Ihres Schlafes aus. Deshalb sollten Sie der Versuchung widerstehen, Gerümpel unter Ihrem Bett verschwinden zu lassen. Wer ein Bett mit Schubladen hat, bewahrt am besten sauberes Bettzeug, Handtücher oder Kleidung darin auf.

Auf Frisierkommoden
Nur wenige Leute wissen, dass die vielen Flaschen oder Behälter, die sie auf ihren Frisierkommoden stehen haben, kurioserweise meistens leer sind! Schauen Sie einmal bei sich selbst nach und Sie werden schon sehen!

Die Oberflächen in Ihrem Schlafzimmer sollten so sauber wie möglich gehalten werden, damit sich die Energie sanft und harmonisch durch den Raum bewegen kann.

Auf den Kleiderschränken
Den Plunder, der auf Kleiderschränke und Schränke gepackt wird, kann man mit Problemen vergleichen, die über einem hängen und nur darauf warten, erledigt zu werden. Man kann nicht mehr klar denken, und wenn er das Erste ist, was man morgens beim Aufwachen sieht, wird man meist lustlos in den Tag gehen. Wer bei sich zu Hause viel Krempel oberhalb der Augenhöhe anhäuft, wird ständig das Gefühl haben, erdrückt zu werden; außerdem kann man Kopfschmerzen davon kriegen.

In den Kleiderschränken
Die meisten Leute tragen 20 Prozent ihrer Garderobe während 80 Prozent der Zeit. Wenn Sie mir nicht glauben, können Sie ja einen Monat lang den folgenden Versuch machen: jedes Mal, wenn Sie etwas tragen und hinterher waschen, hängen Sie es an das eine Ende Ihrer Kleiderstange. Am Ende des Monats werden Sie bemerken, dass Sie meistens dieselben Kleider tragen (natürlich nur, wenn Sie nicht absichtlich Ihre Gewohnheiten ändern, um mir das Gegenteil zu beweisen, oder Ihr Job es erfordert, dass Sie Ihr Äußeres öfter verändern).

Dieses 20-zu-80-Muster trifft nicht nur auf die Kleidung zu, die man trägt. Es kann auf den gesamten Besitz und alle Aktivitäten im Leben angewandt werden. Wir erreichen 80 Prozent unseres Gewinns mit 20 Prozent unseres Aufwandes (in der Geschäftswelt ist das als das Pareto-Prinzip bekannt, das nach seinem Entdecker, dem italienischen Ökonomen Vilfredo Pareto benannt wurde). In gleicher Weise ziehen wir 80 Prozent unseres Nutzens aus 20 Prozent unseres Eigentums.

Wenn Sie sich also ans Aussortieren Ihrer Kleidung machen, teilen Sie sie ganz ehrlich in die 20 Prozent ein, die Sie lieben und tragen, und in die 80 Prozent, die nur Platz wegnehmen. Auf diese Weise fällt es Ihnen bedeutend leichter, die überflüssigen Kleidungsstücke zu entsorgen. Wenn Sie Ihren 80-Prozent-Stapel abbauen, sollten Sie die Kriterien klugerweise genau festlegen, nach denen Sie entscheiden, ob Sie etwas behalten oder weggeben wollen. Überprüfen Sie zuerst die Farben. Der Gang zum Farbenberater ist immer eine gute Investition, weil er für Sie herausfinden kann, welche Farben Ihre Energie verstärken und verbessern und welche nicht. Sie werden mit einer ganzen Palette von Farbkonstellationen nach Hause gehen und danach bestimmt gut aussehen und sich großartig fühlen, was bekanntlich Wunder in Sachen Selbstsicherheit tut. Es hilft Ihnen dabei, Ihre Kleidung durchzusehen und 50 Prozent davon ein für alle Mal auszurangieren. Plötzlich fällt es Ihnen wie Schuppen von den Augen, dass sie von Anfang an nicht richtig zu Ihnen passte.

Als Nächstes probieren Sie jedes Stück auf dem verbliebenen Haufen an und prüfen, wie Sie sich darin fühlen. Wenn Sie die Form, die Beschaffenheit, den Schnitt, das Material oder etwas daran nicht mögen, geben Sie es fort. Sie sind es sich selbst schuldig, sich eine Sammlung von Kleidungsstücken zuzulegen, die Sie wirklich lieben. Schließlich wollen Sie nie wieder Ihren mit Klamotten voll gestopften Kleiderschrank öffnen und stöhnen: «Aber ich habe doch gar nichts zum Anziehen!»

Machen Sie es sich zum Prinzip, niemals wieder ein Kleidungsstück zu kaufen, das nicht genau Ihren Vorstellungen entspricht, denn nun wissen Sie ja, dass es auf dem 80-Prozent-Haufen landen wird und Sie Ihr Geld verschwendet haben. Entschließen Sie sich dazu, nur noch Kleidungsstücke zu kaufen, die Sie lieben und die großartig an Ihnen ausschauen, und wenn das bedeutet, dass Sie drei hinreißende Ensembles kaufen, die so viel kosten wie zwanzig blöde billige, dann ist es halt so. Ja, ich empfehle Ihnen sogar, dergleichen zu tun, wenn Sie knapp bei Kasse sind. Wer immer gut ausschaut und sich gut fühlt, erfüllt die besten Voraussetzungen, viel Energie zu haben und mehr Wohlstand anzuziehen.

Kleidung und energetische Schwingungen

Manche Menschen behalten Kleidungsstücke, die sie in den vergangenen zwanzig Jahren nicht getragen haben. Sie behaupten, dass sie wieder in Mode kommen werden, wenn man sie nur lange genug behält. Ich rate Ihnen hingegen, sie fortzugeben, wenn Sie sie nicht innerhalb des vergangenen Jahres getragen haben, und erst recht, wenn Sie sie in den vergangenen drei Jahren nicht anhatten. Während eines Jahres haben Sie immerhin den gesamten Kreislauf der Jahreszeiten durchschritten, und wenn Sie während der ganzen Zeit nicht ein Mal das Bedürfnis verspürt haben, das Kleidungsstück zu tragen, dann sind seine Tage gezählt. Wenn Sie es während zwei oder drei dieser Zyklen nicht angezogen haben, ist es definitiv Zeit, es loszulassen.

Es ist überaus wichtig zu verstehen, weshalb diese Kleider Ihnen nie mehr entsprechen. So wie wir nämlich die Wände unserer Wohnungen tapezieren, wählen wir die Farben, Beschaffenheit und Designs der Stoffe aus, die wir tragen, um auf diese Weise unsere eigenen energetischen Schwingungen widerzuspiegeln. So durchlaufen die Leute zum Beispiel verschiedene Farbphasen. Vor einigen Jahren war meine ganze Garderobe purpur mit einigen grünen, blauen und türkisfarbenen Stücken, doch richtig scharf war ich auf Purpur. Als jemand in Bali nach mir suchte, erkannte er mein Zuhause allein an den Unmengen purpurner Wäsche, die vor dem Haus zum Trocknen aufgehängt waren! Zu dieser Zeit saugte ich möglichst viel rote Energie in meiner Aura auf, was damit zu tun hatte, dass ich meine eigene Kraft und meinen Wohlstand kultivieren wollte. Inzwischen habe ich die Farbe integriert und trage sie kaum noch.

Die meisten Leute haben einige Teile in ihrem Kleiderschrank, die sie gekauft, einmal getragen und dann nie mehr anzogen haben. So kann es vorkommen, dass Ihnen beim Einkaufsbummel etwas ins Auge sticht, sagen wir, es ist orange mit Punkten. Sie probieren es an und schauen (zumindest in Ihren Augen) phantastisch darin aus. Also kaufen Sie es. Nun waren Sie an diesem bestimmten Tag wohl gefühlsmäßig ein wenig aus der Balance geraten. Die Farben in Ihrer Aura hatten einen Orangeton mit roten gesprenkelten Klecksen angenommen, weshalb das Kleidungsstück in diesem Augenblick vielleicht großartig ausschaute. Doch am nächsten Tag hat sich diese besondere emotionale Konstellation aufgelöst. Ihre Aura hat wieder ihre gewöhnliche Farbe, und das Kleidungsstück schaut gar nicht mehr so toll an Ihnen aus (und so erging es den anderen schon die ganze Zeit!). Sie warten, dass der Kreislauf sich wiederholt, doch das kommt (gnädigerweise) eher selten oder nie vor. Deshalb mein Tipp: Gehen Sie niemals einkaufen, wenn Sie gefühlsmäßig von der Rolle sind. Wer in diesem Zustand einen Einkaufsbummel macht, wird am Ende bestimmt mit einem Kleiderschrank voller Sachen dastehen, die er nie trägt.

Manche Leute hängen an Kleidern, die ihnen längst zu klein sind. Sie planen eine Abmagerungskur, um die Kleider wieder tragen zu können, was ihnen in den seltensten Fällen gelingt. Wenn das auf Sie zutrifft und Sie sich selbst einen Gefallen tun wollen, sollten Sie sich einen Ratschlag von Denise Linn zu Herzen nehmen, der schon vielen Leuten geholfen hat. Werfen Sie all diese Kleider weg und kaufen Sie sich etwas, worin Sie in Ihrem jetzigen Zustand wirklich gut aussehen und sich wohl fühlen. Was glauben Sie, was gewöhnlich geschieht? Sie nehmen ab. Man mag sagen, was man will, aber es funktioniert, und zwar aus dem einfachen Grund, dass Sie den Widerstand gegen Ihr Übergewicht aufgegeben haben. Sie haben sich dafür entschieden, sich so zu lieben, wie Sie wirklich sind, anstatt darauf zu warten, dass Sie abnehmen. Solange man nämlich gegen etwas ankämpft, wird die Sache Widerstand leisten; sobald man den Kampf aber aufgibt, hört auch der Widerstand auf!

Badezimmer

Ich bekomme Badezimmer zu sehen, die von oben bis unten mit Geräten oder Schönheits- und Pflegeprodukten voll gestopft sind. Sie stehen in den Regalen, auf dem Fenstersims, auf dem Wasserbehälter der Toilette, am Rand der Badewanne, beim Waschbecken, auf dem Boden und wo sonst noch Platz ist. Das macht es umso schwieriger, die schmierigen Ablagerungen wegzuputzen, die sie unweigerlich zurücklassen. Gleichzeitig schafft es eine verwirrte, chaotische Atmosphäre, und das an einem Ort, an dem es eigentlich ruhig und friedlich sein sollte. Leute mit Badezimmern ohne Krempel erleben ihre besten Meditationen (und singen ihre schönsten Lieder) in ihrer Badewanne oder unter der Dusche. Die besten Ergebnisse erzielt man, wenn man Badezimmerschränke installiert und dann darauf achtet, dass sie innen und außen sauber und ordentlich bleiben.

Garagen/Stellplätze

Garagen und Stellplätze sind die Freude eines jeden Gerümpelfreaks. Sie bieten jede Menge Lagerraum für die ganzen Dinge, die sich nicht mehr ins Haus hineinquetschen ließen: Teile von Autos, die einem längst nicht mehr gehören, oder von Möbelstücken, die man nicht mehr gebraucht, und Schachteln mit Zeug, das man noch nie mochte usw. Passionierte Hamsterer parken ihre teuren Autos ohne mit der Wimper zu zucken bei jedem Wetter vor der Garage, nur damit ihr wertloser Krempel sicher und trocken ist. Ich kenne sogar eine Familie, die aus einem Haus mit einer angebauten Garage ausgezogen ist und sich eines mit zwei angebauten Garagen suchte, nur weil sie zusätzlichen Lagerraum für ihr Gerümpel brauchte!

Garagen können selbstverständlich dazu benutzt werden, um Sachen darin unterzubringen, doch nur für Dinge, die auch wirklich gebraucht und geliebt werden. Eine saubere, wohl geordnete Garage kann das reinste Vergnügen sein.

Autos

Am Verhältnis zu Ihrem Auto kann man Ihr Verhältnis zur Ordnung erkennen. Wenn Sie zu Hause Ihren Krempel ausgemistet haben, aber dennoch knietief im Abfall durch die Gegend fahren, liegt noch einiges an Arbeit vor Ihnen!

Ihr Auto ist wie eine kleine Welt für sich. Schrecken Sie zurück und entschuldigen Sie sich für seinen Zustand, wenn Sie jemanden mitnehmen? Wie oft pro Woche sagen Sie sich: «Dieses Auto müsste mal wieder richtig auf Vordermann gebracht werden»? Jedes Mal, wenn Sie daran denken, verlieren Sie an Energie, bis es Sie schließlich mehr Kraft kostet, es nicht zu tun, als einfach mal die Hemdsärmel hochzukrempeln und damit anzufangen. Sie wissen selbst, wie gut es sich anfühlt, wenn Ihr Auto aufgeräumt und sauber ist. Geben Sie sich einen Ruck!

Tragbarer Kram

Hiermit sind Handtaschen, Umhängetaschen, Aktentaschen, Hosentaschen usw. gemeint. Falls Sie sich jetzt fragen, ob ich auch praktiziere, was ich sage, oder Bücher schreibe, um anderen Leuten zu sagen, was sie tun sollen, möchte ich Ihnen folgendes Erlebnis aus meinem Leben erzählen. Erst vor ein paar Tagen war ich bei Freunden zu Besuch. Deren zweijähriges Kind beschloss, es sei Handtascheninspektionszeit. Stück für Stück kam der Inhalt meiner Handtasche zum Vorschein, während ihre Eltern gerührt zuschauten. Anscheinend wühlte das kleine

Mädchen regelmäßig Handtaschen durch und ließ verlegene Frauen zurück. Doch ich kann versichern, dass es ein wundervolles Gefühl ist, ihr dabei sorglos und vergnügt zuzuschauen. Ihre Eltern waren schon darauf vorbereitet, sich bei mir zu entschuldigen, stattdessen belohnten sie mich jedoch mit der Auszeichnung für die ordentlichste Handtasche, die sie je gesehen hatten. Natürlich ist sie nicht immer so tadellos, doch ich sehe wirklich keinen Sinn darin, überall eine Tasche voller Abfall mit mir herumzutragen. Deshalb ist es für mich genauso wichtig, regelmäßig meine Handtasche auszuräumen wie meine Wäsche zu waschen.

Auf internationaler Ebene

Mir ist aufgefallen, dass in jedem Land ein anderer Bereich mit Gerümpel voll gestopft wird. In Australien zum Beispiel neigen die Menschen dazu, Sachen in Garagen oder unter dem Haus zu lagern, weshalb sie auch ihren Krempel dort verstauen. In England werden der Speicher und das Untergeschoss bevorzugt. Die Iren stopfen mit Vorliebe Scheunen und Seitengebäude damit voll. Und die Amerikaner quetschen ihn einfach überall hinein.

10
Sammlungen

Die meisten Menschen sammeln etwas. Bei den weniger Phantasievollen sind es Fingerhüte, Teelöffel, Streichholzschachteln, Telefonkarten, Bierdeckel oder Briefmarken, während die Exzentrischeren Andenken an verstorbene Popstars, alte Auspuffrohre, Zubehörteile von Saatmaschinen, Katzenschnurrhaare und Ähnliches sammeln (ich bin tatsächlich Leuten begegnet, die solche Dinge gesammelt haben). Auch Tierfiguren erfreuen sich weltweiter Beliebtheit. Die meisten Leute suchen nach Katzen, Hunden, Fröschen und Enten, wobei es auch örtliche Variationen gibt, wie Kängurus und Koalabären in Australien, Elefanten, Tiger und Drachen für die mehr orientalisch Beeinflussten usw.

Ein paar niedliche Kätzchen auf dem Kaminsims stehen zu haben, ist eine Sache, doch können solche Sammlungen leicht außer Kontrolle geraten. Bald finden sich Porzellankatzen in jedem Zimmer, an sämtlichen Wänden hängen Katzenbilder, und auf den Geschirrtüchern, T-Shirts, Kissen und der Kaffeetasse sind ebenfalls Katzen abgebildet. Ich habe einmal bei einem meiner Seminare in Südirland über dieses Phänomen gesprochen. Nach einer Weile konnte sich eine Frau in der ersten Reihe nicht mehr halten und platzte mit dem öffentlichen Bekenntnis aus sich heraus, dass sie über 2000 Froschvarianten bei sich zu Hause habe. «Sogar meine Haustüre besteht aus einem riesigen geschnitzten Frosch!», rief sie mit so viel Pathos aus, dass die Seminarteilnehmer in hysterisches Gelächter ausbrachen.

Warum Menschen Dinge sammeln
Was bringt uns also dazu, dergleichen zu tun? Wenn man es zurückverfolgt, dann findet man heraus, dass der Anstoß, eine bestimmte Art von Gegenständen zu sammeln, bei vielen Menschen aus der Kindheit stammt. Andere haben einmal ein Geschenk bekommen, das wohl wollende Freunde und Verwandte dann ergänzten. Doch wo auch immer die Ursache liegen mag – wenn wir den Drang haben, etwas Bestimmtes sammeln zu müssen, oder selbst, wenn wir «versehentlich» zu einer solchen Sammlung kommen, reagieren wir auf ein intuitives Bedürfnis. Es besteht darin, die Essenz von bestimmten Dingen zu sammeln, die wir für unser persönliches Wachstum brauchen. Wir müssen diese spezifische Schwingung verinnerlichen, weil sie zu diesem Zeitpunkt gerade ausgesprochen wertvoll ist. Weil sich das Leben aber ständig verändert und weiterbewegt, brauchen wir diese Essenz nur so lange zu sammeln, wie wir sie auf geistiger Ebene in unser Leben integrieren müssen. Danach können und sollten wir wieder zu etwas anderem übergehen.

Die Indianer besaßen vom Wesen der Tiere ein tieferes Wissen. Jeder Mensch hatte bei ihnen ein Totemtier, das sowohl Schutz als auch Quelle der Kraft und der Weisheit für sie war. Mitglieder des Stammes hatten oft Namen wie «Weißer Adler», «Tanzender Bär» usw. und befanden sich während ihres ganzen Lebens in großem Einklang mit dem Wesen dieser Tiere. Doch die Zeiten haben sich geändert. Während man einen Mann in früheren Zeiten nach seinem Gewerbe «Jakob der Schmied», «Johann der Fischer» nannte (was zu Jakob Schmidt und Johann Fischer abgekürzt wurde), hat sich die Geschwindigkeit inzwischen derart gesteigert, dass die moderne Entsprechung folgendermaßen heißen müsste: «Richard der Computer-Programmierer, der Taxifahrer wurde, dann Ökobauer und schließlich Schriftsteller.» Die meisten Leute können davon ausgehen, dass sie während ihres Lebens mehrere Berufe ausüben und oft auch mehrere Ehen und wichtige Beziehungen eingehen werden. Es ist heutzutage so, als lebten wir mehrere Leben in der Zeitspanne von einem.

Die Ursache für diesen Wandel liegt in den unsichtbaren Sphären der Energie. Denise Linn spricht davon, dass die Energie mit einer höheren Schwingungsrate vibriert. Je schneller sie sich bewegt, umso höher hinauf können wir im Spektrum der menschlichen Möglichkeiten gelangen. Weshalb sollen wir uns also mit dem Sammeln von Fröschen aufhalten, wenn da draußen eine ganze Welt von aufregenden neuen Möglichkeiten nur darauf wartet, erschlossen zu werden?

Der Schweine-Hersteller

Ein Mann, den ich kannte, stellte Schweine her. Es fing alles damit an, dass seine Mutter in einem Trödelladen ein Schwein aus Gips kaufte, das ihm so gut gefiel, dass er eine Gussform herstellte und es kopierte. Bald steigerte er sich von Gipsschweinen zu bemalten Porzellanschweinen. Dann schlug ihm jemand vor, ihnen Flügel zu geben, um sie interessanter zu machen, und schon war das fliegende Schwein geboren. Er eröffnete einen Marktstand mit Kitsch am vornehmen Covent Garden in London und verkaufte die fliegenden Schweine zu Tausenden. Er stellte sie in verschiedenen Größen her, und die Leute kauften gleich einen ganzen Satz, um sie bei sich zu Hause an die Wand zu hängen. An Weihnachten bot er spezielle Kisten mit schlafenden Schweinen an. Rückblickend sagte er, dass er von Anfang an gewusst habe, dass sein Drang, Schweine herzustellen, einen höheren Sinn hatte. Doch brauchte er 16 Jahre, um herauszufinden, was das war und warum er seine Passion für Schweine ausleben musste. Er fand heraus, dass der Vater seiner Mutter und beide Großväter seiner Mutter Schweinemetzger gewesen waren! Nun hofft er, dass die Gesamtzahl von über 32 000 Schweinen, die er hergestellt hat, die Anzahl der Schweine ausgeglichen hat, die seine Vorfahren vermutlich in ihrem Leben geschlachtet haben. Nachdem er seine karmische Schuld ausgeglichen hatte, schloss er seinen Stand und fing ein neues Leben als Shiatsu-Masseur an.

Die Entenfrau

Als mich eine Frau, für die ich eine Feng Shui-Beratung machte, durch ihr Haus führte, zählte ich über hundert Enten. «Was hat es mit diesen Enten auf sich?», fragte ich sie. Sie aber starrte mich mit einem leeren Blick an und fragte: «Welche Enten?» Als wir noch einmal durch das Haus gingen und ich ihr die ganzen Enten zeigte, war sie erstaunt. Sie befanden sich auf ihrer Tapete, waren ins Kissen eingestickt, verzierten ihr Badezimmer, die Vorderseite ihres Nachthemds und ihr Geschirr. Es war das reinste Ententum, doch ihr war nicht bewusst, dass es so viele waren. Noch aufschlussreicher war die Tatsache, dass alle Enten allein auftraten. Dabei war das große Thema in ihrem Leben, dass sie nie geheiratet hatte. Um es kurz zu machen: Sie nahm sich meinen Rat zu Herzen, schmiss ihre Enten raus und fand einen Mann für sich!

Hüten Sie sich vor dem Sammlertick

Es ist eine Kunst herauszufinden, warum man etwas sammelt, und dann die Lehre daraus zu ziehen und weiterzugeben. Begrenzen Sie sich nicht. Schaffen Sie Platz für etwas Neues in Ihrem Leben. Es wäre bedauerlich, wenn Sie Ihr Leben lang dem Sammlertick frönen würden, ohne sich darüber klar zu werden, warum.

Wenn Sie herausfinden, dass Sie Tierfiguren sammeln, kann ein Symbollexikon oder ein Buch über Schamanismus Ihnen vielleicht erklären, weshalb Sie das jeweilige Tier so anzieht. Es gewährt Ihnen einen Einblick in die Eigenschaften, die Ihr Unterbewusstsein durch Ihren Sammlertick anziehen will. Es mag eine Weile dauern, bis Sie diese Information so weit integriert haben, dass Sie Ihre Sammlung loslassen und nach vorne schauen können. Selbst dann mag es Ihnen immer noch zu viel sein, Ihre Enten auf einen Schlag aus dem Haus zu werfen. Es ist sehr wichtig, diesen Prozess nicht zu erzwingen, sondern von selbst geschehen zu lassen. Reduzieren Sie Ihre Herde also nur nach und nach.

11
Papierkram

Was macht Papier eigentlich so attraktiv? Man hatte vorausgesagt, dass das elektronische Zeitalter den Papierverbrauch reduzieren würde, doch gebrauchen wir zum allgemeinen Erstaunen heute mehr Papier denn je. Hier sind einige Vorschläge, wie man damit zurecht kommt.

Bücher

Ein sehr häufiges Problem ist das Festhalten an Büchern, besonders für Leute mit einem neugierigen Geist. Für viele von ihnen sind Bücher wie treue Gefährten. Sie sind immer da, wenn man sie braucht, um einem ihr Wissen mitzuteilen, einen zu inspirieren, zu unterhalten und anzuregen.

Doch wenn Sie sich an alte Bücher klammern, können Sie keinen Raum für neue Ideen und Denkweisen schaffen. Ihre Bücher symbolisieren Ihre Ideen und Überzeugungen, und wenn zu viele von ihnen bei Ihnen zu Hause im Bücherregal stehen, erstarren Sie in Ihren alten Denkmustern und entwickeln eine Energie, die genauso muffig ist wie die muffigen alten Bücher, mit denen Sie sich umgeben.

Wenn ich zur Beratung bei einem gebildeten Menschen komme, der Schwierigkeiten hat, einen Partner zu finden, entdecke ich oft, dass in der Beziehungsecke des Hauses oder eines häufig genutzten Raumes ein großes Bücherregal steht, das bis oben hin mit Folianten voll gestopft ist. Diese Menschen tun das, ohne etwas von Feng Shui zu wissen, einfach nur, weil es sich dort «gut anfühlt» – und es zeigt, dass sie die wichtigste Beziehung in ihrem Leben mit ihren Büchern führen! Meistens haben sie dann auch einen Stapel Bücher am Bett liegen, um nachts lesen zu können – wieder ein Beziehungsersatz. Indem man das Bücherregal woanders hinstellt oder wenigstens etwas Platz darin macht, entsteht Raum für neue Interessen und Beziehungen.

Womöglich haben Sie so viele Bücher, dass sie längst nicht mehr ins Bücherregal passen und sich an anderen Orten breit machen. Vielleicht stapeln sie sich auf Ihrem Schreibtisch, auf dem Kaffeetisch, neben Ihrem Lieblingssessel oder auf dem Klo (siehe Kapitel 17 wegen der tieferen Auswirkungen!)?

Lernen Sie, Ihre Bücher loszulassen, wenn es an der Zeit ist. Am besten fangen Sie mit den Kochbüchern an, die Sie nie gebraucht haben (nein, nicht öffnen, um schnell noch mal nach Rezepten zu schauen!). Dann nehmen Sie sich die Lehrbücher und Nachschlagewerke vor, die Sie seit Jahren nicht angerührt haben, Kinderbücher, aus denen Sie oder die Ihren herausgewachsen sind, Romane, an denen Sie nicht interessiert genug waren, um sie anzufangen oder zu beenden, Bücher mit Theorien, mit denen Sie nicht einverstanden sind. Machen Sie mit den Bänden weiter, die an Orten stehen, die so unzugänglich sind, dass Sie sie seit Jahrzehnten nicht angerührt haben, oder die so alt sind, dass sie schon zerfallen. Dann sind da noch die Bücher, die Sie vor Jahren zutiefst inspirierten, deren Ideen inzwischen aber so sehr ein Teil von Ihnen geworden sind, dass Sie sie nicht länger zu lesen brauchen. Ihr Ziel sollte eine Büchersammlung sein, die Sie so repräsentiert, wie Sie heute sind und morgen gerne sein würden. Fügen Sie ein paar Nachschlagewerke hinzu, die Sie gewöhnlich gebrauchen, und gönnen Sie sich den Luxus, ein paar Bücher einfach nur deshalb zu behalten, weil Sie sie oder die Assoziationen lieben, die Sie mit ihnen verbinden; den Rest lassen Sie los.

Vielleicht haben Sie ja wirklich Angst, die Bücher zu vermissen. Dann ist es eine exzellente Lösung, sie der örtlichen Bücherei zu spenden. Es ist sehr beruhigend, wenn man weiß, dass man sie jederzeit für eine Weile leihen kann, falls man sie braucht. In der Zwischenzeit machen sie anderen Freude und verstopfen nicht mehr Ihre Bücherregale und Ihr Leben. Interessanterweise leihen die Leute die gespendeten Bücher äußerst selten wieder aus. Nachdem sie sie einmal losgelassen haben, gehen sie zu etwas Neuem über und verlieren die alten Wälzer völlig aus den Augen.

Zeitschriften, Zeitungen und Ausschnitte

Ich kam einmal in ein Haus mit einem ganzen Zimmer voller Flugzeug-Magazine. Sie warteten seit über 20 Jahren darauf, sortiert zu werden, damit der Eigentümer endlich die fehlenden Ausgaben seiner Sammlung komplettieren könnte. Als ich ihn allerdings fragte, was er tun würde, wenn die Sammlung komplett sei, war er sprachlos. Er musste lange überlegen, bis er darauf kam, weshalb er sie wollte: einzig und allein aus Sammelleidenschaft und nicht, um sie zu irgendetwas zu gebrauchen. Der Sammlertrieb war bei ihm zum Selbstzweck geworden. Als er es sich gestattete, mit dem Sammeln aufzuhören und die Zeitschriften loszulassen, schrieb er mir, was für eine riesige Erleichterung es gewesen war, sie zum Wertmüll zu bringen, und wie wundervoll es war, ein Extrazimmer in seinem Haus frei zu haben, wodurch er nun Gäste einladen konnte!

Das Arbeitszimmer einer anderen Klientin war unter einem Meer von Zeitungen und Zeitschriften verschwunden, die sie aufgehoben hatte, bis sie Zeit haben würde, sie auf Artikel hin durchzuschauen. Da waren außerdem drei enorme Stapel von

Ausschnitten neben ihrem Schreibtisch, die darauf warteten, weiter aussortiert und abgeheftet zu werden. Als ich ihr vorschlug, das meiste wegzuwerfen und sich selbst einen Neuanfang zu bescheren, kam Panik in ihren Augen auf, so, als ob das bedrohliche Konsequenzen haben könnte! Als wir uns einen Augenblick Zeit nahmen, um uns das Ganze zusammen objektiv anzuschauen, wurde ihr schlagartig klar, dass sie allen Ernstes Angst hatte, versehentlich einen Artikel wegzuwerfen, der lebensnotwendig für sie sein könnte. Dies ist eine typische Spielart des «Das-könnte-noch-eines-Tages-mal-nützlich-werden»-Syndroms. Es basiert auf Angst; dabei sollte man darauf vertrauen, dass einem das Leben genau das bringt, was man braucht, wenn man es braucht.

Es ist wundervoll, wenn man an jedem Tag seines Lebens dazulernen will. Doch werden wir heutzutage tagtäglich mit so vielen Informationen bombardiert, dass wir auswählen müssen. Wenn Sie Zeitungsartikel aufheben wollen, schaffen Sie ein Ablagesystem für sie und halten Sie es auf dem neuesten Stand. Sortieren Sie veraltete Artikel und wertlos gewordene Informationen regelmäßig aus. Setzen Sie ein vernünftiges Zeitlimit (etwa das Monatsende), innerhalb dessen Sie einen Stapel mit Zeitungsausschnitten abgelegt haben müssen. Wenn Sie es bis dahin nicht geschafft haben, legen Sie sie im Papierkorb ab. Wenn Sie Ihre Zeitschriften gelesen haben, dann geben Sie sie an Krankenhäuser, Zahnärzte, Privatkliniken, Schulen und andere öffentliche Einrichtungen weiter, wo sie genutzt werden können, oder an Verwandte, Freunde oder Kollegen, die ihren Spaß daran haben. Wenn nicht, dann werfen Sie sie einfach in den Wertmüll.

Ich ermutigte die Kundin, sich hinzusetzen und eine Liste von den vielen Dingen aufzustellen, die sie in ihrem Leben gerne tun wollte, sich aber nicht zu tun getraute, weil Arbeiten wie diese noch nicht erledigt waren. Dies eröffnete ihr eine völlig neue Perspektive, aus der heraus sie alle Aufgaben überdenken konnte, die sie sich gesetzt hatte. Nun fiel es ihr leicht, lediglich einen aktuellen Stapel mit Zeitschriften zu behalten und den Rest seinen Weg gehen zu lassen. Als ich ihr beim nächsten Mal begegnete, nahm ich eine bemerkenswerte Veränderung an ihr wahr. Der gräuliche Schleier, der sie umgeben hatte, hatte sich verflüchtigt, sogar die Ränder unter ihren Augen waren so gut wie verschwunden, und alles um sie herum war so angeregt und lebendig. Sie hatte die Zeitungsausschnitte offenbar noch nicht aufgegeben, aber dafür den Kram in ihrem Studierzimmer und dann das ganze Haus ausgemistet. Ihr Dasein war dadurch vollkommen wieder belebt worden.

Sentimentaler Schrott

Von den lieben, netten, sentimentalen Seelen, die diese Art von Krempel sammeln, erhalte ich die schönsten Briefe. Hier ist einer meiner Favoriten:

«Ich lebe in Südafrika und habe gerade Ihr wundervolles Buch über das Schaffen von heiligen Orten gelesen. Ich weiß gar nicht, wie ich Ihnen für den Raum danken soll, den Sie mir gegeben haben, um die Energien in meinem Heim und meine Lebensenergie zu steigern. Was Sie geschrieben haben, hat eine Saite tief in mir angerührt. Es brachte so manchen Gedanken an die Oberfläche, den ich schon seit Jahren von bestimmten Dingen hatte. Neulich habe ich jede Menge Gerümpel weggeschmissen, das ich während der vergangenen dreißig Jahre gesammelt hatte, alte Liebesbriefe, alte Fotos und andere Dinge, von denen ich nicht wusste, weshalb ich an ihnen festhielt. Jetzt fühle ich mich viel wohler und leichter in der Welt. Sie haben eine tiefe Weisheit gefunden, seien Sie dafür gesegnet, dass Sie sie weitergeben.»

Diese Kategorie von Krempel umfasst Hochzeitsandenken, Weihnachts- und Geburtstagskarten aus vergangenen Jahren, Urlaubskarten von Freunden, persönliche Tagebücher von anno dazumal, die Krakelzeichnungen Ihrer Kinder usw. Je älter Sie werden, umso mehr haben Sie davon. Sie schauen sie kaum noch durch, doch Sie freuen sich, dass sie da sind.

Mein Rat? Behalten Sie die Besten und schmeißen Sie den Rest raus! Behalten Sie die, die Sie wirklich lieben und mit denen Sie etwas Wundervolles, Liebes verbinden. Trennen Sie sich von denjenigen, an welchen Sie aus irgendeinem Schuld- oder Pflichtgefühl festhalten, mit denen Sie zwiespältige Gefühle verbinden oder von denen Sie zu viele haben.

Ich traf einmal eine Frau, die Schubladen über Schubladen voller Weihnachts- und Geburtstagskarten besaß. Sie versicherte mir, dass sie einen großen Erinnerungswert für sie besäßen und dass sie sich nie von ihnen würde trennen können. Als sie sich jedoch hinsetzte und sie alle durchschaute, wurde sie immer trauriger und trauerte den glücklichen Stunden nach, die längst vorübergegangen waren. Indem sie sich aber schließlich dafür entschied, sie auszusortieren und neue Kontakte zu knüpfen, legte sie den Grundstein für ihre Transformation von dem einsamen Individuum, zu dem sie geworden war, zu der kontaktfreudigen Person, die sie gerne sein wollte.

Bei Leuten, die große Mengen von sentimentalen Erinnerungsstücken besitzen, wird ein Durchgang schwerlich ausreichen. Sie werden das Verfahren vermutlich weiter verbessern müssen, indem Sie das Ganze später noch einmal durchgehen. Es läuft auf einen konstanten fortschreitenden Prozess hinaus, der am Anfang hart erscheinen mag, der aber mit jedem Mal leichter wird, wenn man ihn vollzieht.

Fotos

Sind manche Ihrer Schubladen oder Alben mit Fotos voll gestopft? Sie sollten Ihre Fotos genießen, solange sie aktuell sind, farbenfrohe Collagen zusammenstellen, sie an die Wand hängen, in Ihre Brieftasche tun, in Ihr Notizbuch kleben, Postkarten aus ihnen machen und sie an Ihre Freunde schicken. Machen Sie wirklich das Beste aus ihnen, solange sie frisch und neu sind. Behalten Sie aber keine Fotos, die Sie an harte Zeiten in der Vergangenheit erinnern. Behalten Sie nur diejenigen, die Ihnen ein gutes Gefühl geben, alle anderen Fotos sollten Sie jedoch loslassen. Denn dadurch machen Sie den Raum frei für etwas Neues und Besseres in Ihrem Leben.

Den Schreibtisch aufräumen

Wenn Sie zu Hause arbeiten oder einen Schreibtisch haben, den Sie zu Hause gebrauchen, dann ist dieser Abschnitt für Sie bestimmt. Der erste Schritt ist ganz einfach: errechnen Sie den prozentualen Anteil an freier Fläche auf Ihrem Schreibtisch, die Sie derzeit sehen können. Mogeln Sie nicht und räumen Sie den Schreibtisch nicht auf, bevor Sie das tun. Lassen Sie ihn genauso wie er ist, um zu einer ehrlichen Einschätzung der Lage zu kommen.

Nun, ich sehe während meiner Beratungstätigkeit Hunderte von Schreibtischen im Jahr, und eines haben die meisten von ihnen gemeinsam: Es ist praktisch kein Platz auf ihnen, wo jemand arbeiten kann! Normalerweise ist da ein Bereich von der Größe eines Stücks Papier, der freigelassen wurde, alles andere ist belegt, entweder mit Utensilien oder mit Stapeln von Papier, die darauf warten, dass man ihnen seine Aufmerksamkeit schenkt.

Räumen Sie Ihren Schreibtisch auf! Es gibt ein wundervolles Buch von Declan Tracy mit genau diesem Titel. Darin beschreibt er die Schreibtische und die Geschäftspraktiken von einigen der weltweit führenden Unternehmer. Alle halten ihren Papierkram auf einem Minimum. Ein aufgeräumter Schreibtisch bedeutet einen klaren Verstand, einem klaren Verstand wiederum eröffnen sich Visionen und Perspektiven. Wer sich in seinem Papierkram verzettelt hat, hat keine Kraft, etwas Neues zu schaffen.

An einem übersichtlichen Schreibtisch zu arbeiten fördert die Produktivität, die Kreativität und die Zufriedenheit mit der Arbeit. Eine exzellente Gewohnheit, die man sich aneignen sollte, besteht darin, seinen Schreibtisch nach beendeter Arbeit immer ordentlich zurückzulassen. Es ist psychologisch weit erquicklicher, an einem aufgeräumten Schreibtisch an die Arbeit zu gehen als zwischen Bergen von Papierkram, die einen deprimieren, noch bevor man überhaupt angefangen hat.

Am besten fangen Sie also gleich damit an, jeglichen Papierkram von Ihrem Schreibtisch zu räumen, der Ihre Aufmerksamkeit auf sich zieht, und alle Dinge, die nicht absolut notwendig sind. Ich spreche hier von wirklich wichtigen Dingen wie einem Computer, einem Telefon, einem Stift oder einem Notizbuch. Alle anderen nicht so wesentlichen Dinge wie Heftmaschinen, Locher, Büroklammern, Plüschtiere, Süßigkeiten usw. sollten Sie auf einem Regal in der Nähe oder in Ihrer Schreibtischschublade aufbewahren.

Die Festplatte aufräumen!

Elektronisches Gerümpel ist genauso ein Problem wie die greifbarere Variante. Anstatt zu warten, bis Ihre Festplatte voll ist, sollten Sie Programme und Dokumente löschen, die Sie nicht länger brauchen. Leichter ist es, Ihre Dateien jeden Tag ein wenig zurechtzustutzen. Gehen Sie Ihre Speicher durch und löschen Sie die alten Dateien oder kopieren Sie sie auf Disketten, die Sie nach einem System ordentlich aufbewahren. Wenn nötig, reorganisieren Sie das Ablagesystem Ihres Computers.

Den Papierkram unter Kontrolle bekommen
Hier sind einige Tipps, die Ihnen auf Ihrem Weg helfen sollen.
- Gewöhnen Sie es sich an, so oft wie möglich so viel überflüssiges Papier wie möglich zu entsorgen.
- Machen Sie niemals Notizen auf losen Zetteln. Behalten Sie alles in einem Buch und übertragen Sie die wichtigen Informationen regelmäßig auf Ihr Ablagesystem im Computer.
- Gebrauchen Sie Ihre Pinnwand nur für aktuelle Dinge. Wenn Sie sich selbst daran erinnern wollen, etwas zu tun, schreiben Sie es in Ihr Tagebuch oder in Ihren Kalender. «Post-it»-Notizen verschmutzen Ihren Verstand und führen lediglich dazu, dass Sie die Sachen umso leichter vergessen! Zu viele Erinnerungszettel zerstreuen Ihre Energie.
- Bringen Sie Ihren finanziellen Papierkram auf den neuesten Stand und bleiben Sie dabei. Sie werden umso leichter in Ihrem Leben zu Wohlstand gelangen, wenn Sie lernen, bewusst damit umzugehen. Richten Sie ein System ein, durch das Sie Rechnungen pünktlich bezahlen, legen Sie die Dinge dort ab, wo Sie sie finden können, und freuen Sie sich über die Tatsache, dass jede Rechnung, die Sie erhalten, bedeutet, dass Sie noch kreditwürdig sind! Wenn Sie es lernen, mit gleicher Freude das zu bezahlen, was Sie schuldig sind, wie Sie das in Empfang nehmen, was Ihnen zusteht, wird Ihnen klar werden, wie man dieses von Menschen geschaffene Geldspiel genießt, anstatt von ihm gestresst zu werden.
- Wenn Sie einen Brief erhalten, schreiben Sie Ihre Antwort unten hin oder an den Rand und schicken ihn zurück. Auf diese Weise verstopft das Papier nicht mehr Ihr Büro, Sie haben sich selbst die Zeit und den Aufwand gespart, eine

Antwort zu tippen oder tippen zu lassen. Tun Sie es lieber gleich, statt es eine Woche zur Seite zu legen, damit die Person weiß, dass sie Ihre unmittelbare Aufmerksamkeit bekommen hat.

12
Verschiedenerlei Gerümpel

Gerümpel gibt es in allen Formen und Größen. Hier sind ein paar typische Dinge, die man heimlich in den Ecken und Schränken vieler Wohnungen herumstehen sieht.

Dinge, die man nicht mehr gebraucht
– Ausgediente Freizeitsachen (wie z. B. Spiele, die nie jemand mochte, Utensilien von Sportarten, die keiner mehr betreibt, Hobbys, an denen Sie kein Interesse mehr haben, Spielsachen, für die Ihre Kinder längst zu alt sind usw.).
– Hifi-Geräte, die Sie nie wieder benützen werden (wie die Lautsprecher einer alten Stereoanlage, die Sie schon lange nicht mehr besitzen).
– Fitnessgeräte, die Sie sich zur Beruhigung Ihres Gewissens gekauft haben und nie mehr benutzt haben, nachdem die erste Begeisterung verflogen war.
– Gesundheits- und Schönheitsartikel, die ihren Dienst getan haben (beheizte Lockenwickler, elektrische Massagegeräte).
– Kleider, die nicht mehr passen.
– Brillen mit alter Sehstärke (zahlreiche Wohlfahrtsorganisationen können sie gut gebrauchen).
– Geräte, die Sie gekauft haben, um sich das Leben leichter zu machen, deren Gebrauch sich aber als weitaus komplizierter herausstellte.

- Garten-Geräte (rostende Rasenmäher, schmuddelige Gartenmöbel, alte Blumentöpfe).
- Auto-Zubehör (Dachgestelle, alte Räder, verschiedene Ersatzteile).

Und so weiter. Ich brauche erst gar nicht mit einer Liste der seltsamen und kuriosen Gegenstände anzufangen, die die Leute in ihren Häusern und Gärten haben. Sie werden schon genug über sich selbst zu lachen haben, wenn Sie Ihre eigene Liste aufstellen.

Wenn Sie nostalgisch an Gegenständen aus Ihrer Kindheit hängen, können Sie Folgendes tun: fotografieren Sie sie für die Nachwelt und geben Sie sie dann fort. Die Fotos werden diese herzerwärmenden Bilder für immer erhalten und können in einem Bruchteil des Platzes aufbewahrt werden, den die Gegenstände selbst einnehmen würden. Viele Menschen finden das sehr befreiend.

Ungeliebte Geschenke

Ungeliebte Geschenke sind für viele Menschen eine heikle Angelegenheit. Nichtsdestotrotz rate ich auch hier, sie möglichst schnell loszuwerden. Und zwar aus folgendem Grund: Dinge, die man wirklich liebt, sind von einem dynamischen Energiefeld umgeben, wohingegen an ungeliebten Geschenken beunruhigende, konfliktreiche Energien haften, die einen eher schwächen als kräftigen. Sie erzeugen im Haus tatsächlich eine energetische Düsterkeit.

Allein schon der Gedanke, sie zu entsorgen, ist für manche Leute erschreckend. «Wenn nun Tante Jane zu Besuch kommt und das teure Schmuckstück steht nicht auf dem Kaminsims?» Wessen Kaminsims ist das eigentlich? Wenn Sie das Schmuckstück lieben, gut, doch wenn Sie es aus Furcht und Verpflichtung bei sich behalten, vergeuden Sie Ihre Kraft. Jedes Mal, wenn Sie ins Zimmer kommen und dieses Teil sehen, sinkt Ihr Energiepegel.

Und denken Sie ja nicht, dass sich hier die alte Regel «Aus den Augen, aus dem Sinn» bewahrheiten wird. Sie können das Stück nicht nur im Schrank behalten und hervorholen, wenn Tante Jane zu Besuch kommt. Ihr Unterbewusstes weiß immer noch, dass Sie es im Haus haben. Wenn Sie viele solcher ungeliebten Geschenke um sich herum haben, schaut Ihr energetisches Umfeld wie ein Sieb aus, durch das die Energie nach allen Seiten abfließt.

Denken Sie daran, dass die Haltung zählt. Sie können das Geschenk auch schätzen, ohne es unbedingt zu behalten. Versuchen Sie Ihre Einstellung gegenüber Geschenken vollkommen zu verändern. Wenn Sie jemandem etwas geben, dann geben Sie es mit Liebe und lassen Sie es los. Geben Sie dem Empfänger die Freiheit, damit zu machen, was immer er will. Wenn sie nichts Sinnvolleres damit tun können, als es in den Mülleimer zu werfen oder es jemand anders zu geben – in Ordnung. (Sie wollen doch nicht, dass Ihre Freunde ihren Raum mit ungewollten Geschenken zumüllen, oder?)

Dinge, die man nicht mag

Das sind Dinge, die man sich selbst gekauft hat, die man aber vom ersten Tag an nicht richtig mochte. Gewöhnlich behält man sie, bis man Zeit oder Geld genug hat, um sich etwas Besseres zu kaufen.

Ich werde Ihnen ein Beispiel geben. Ich habe noch nie gerne gebügelt. Ich hatte ein wirklich gutes, durchschnittliches Bügeleisen, doch inspirierte es mich überhaupt nicht dazu, es zu gebrauchen. Ich gab mir sogar alle Mühe, möglichst nichts anzuziehen, was gebügelt werden musste. Dann entdeckte ich eines

Tages bei einer Freundin, was man nur als die «Königin der Bügeleisen» beschreiben kann. Es kostete zwar zweimal so viel, wie das Standardteil kostete, das ich zu Hause hatte, doch was war es doch für eine Freude, es zu gebrauchen. Mir eröffnete sich eine völlig neue Dimension des Bügelns, von deren Existenz ich bis dahin nichts geahnt hatte. Als ich nach Hause kam, ging ich sofort los und kaufte mir selber eines und verbrachte den ganzen Nachmittag damit, mich zufrieden durch meinen Kleiderschrank zu bügeln. Zum ersten Mal in meinem Leben empfand ich Bügeln als Vergnügen.

Geben Sie sich erst gar nicht mit der zweiten Wahl zufrieden. Wenn Sie sich immer nur das Bestmögliche gönnen, wird dieses Signal nach draußen gehen und auch in anderen Bereichen Ihres Lebens das Beste anziehen. Wenn Sie finanziell zu kämpfen haben und mit den Dingen, die Sie besitzen, gerade mal so hinkommen, dann lieben Sie sie, seien Sie dankbar für das, was Sie haben, und nehmen Sie sich vor, sich bald schon die Mittel zu verschaffen, sie durch Dinge zu ersetzen, die Sie mehr inspirieren. Die meisten Leute sind überrascht, wie schnell das möglich wird, wenn sie ihren Geist darauf ausgerichtet haben.

Dinge, die repariert werden müssen

Dinge, die repariert werden müssen, sind Energieschlucker. Das kommt daher, dass man alles, was man besitzt, unter seinen energetischen Schutzmantel nimmt und dafür sorgt. Auch wenn man sich ständig davor drückt, seiner Sorgfaltspflicht nachzukommen, wird das Unterbewusstsein diese Dinge nicht aus den Augen verlieren. Jedes Mal, wenn man diesen Gegenstand sieht oder etwas, das einen daran erinnert, lässt die Energie nach.

Angenommen, Sie haben einen Stuhl mit einem wackligen Bein. Sie nehmen das schon lange nicht mehr bewusst wahr, wenn Sie ins Zimmer gehen, doch Ihre Augen sehen es, Ihr Unterbewusstsein registriert es auch jetzt noch und Ihr Körper reagiert auf der energetischen Ebene darauf. Wenn Sie sich vornehmen, etwas zu reparieren, und es dann nicht tun, verliert Ihr Körper sogar noch mehr Kraft und Vitalität.

Eine Frau, die ich kenne, wohnt in einem großen Haus, wo so gut wie alles reparaturbedürftig ist. Man muss ihr zugestehen, dass sie von einem geringen Einkommen lebt und ein Kind versorgen muss, doch ist sie eine findige, fähige Frau, die die Dinge reparieren könnte, wenn sie wollte. Die mangelnde Sorgfalt und der mangelnde Respekt, den sie ihrem Heim entgegenbringt, spiegelt ihren Mangel an Sorgfalt und Respekt sich selbst gegenüber wider. Wenn Sie sich um Ihr Zuhause kümmern und darauf aufpassen, lieben und respektieren Sie auch sich selbst.

Betrachten Sie das Reparieren und Verbessern von Dingen in Ihrem Heim als Investition in sich selbst. Macht es Ihnen aber zu viel Mühe, etwas zu reparieren, dann werfen Sie es weg, oder finden Sie ein neues Zuhause dafür, wo es jemand zu schätzen weiß und gerne repariert.

Doppelpack

Einmal beriet ich eine allein stehende, zwanghaft an ihrem Krempel festhaltende Frau, deren noch zwanghaftere Eltern gestorben waren und ihr ihren gesamten Hausstand hinterlassen hatten. So hatte sie zwei Wasserkessel, zwei Garnituren Besteck und Geschirr, alles gab es doppelt und war im ganzen Haus gestapelt. Sie hatte manche Sachen sogar tatsächlich drei- oder viermal. Dabei hatte sie gar keinen Platz. Wie auch immer, sie konnte sich nicht dazu aufraffen, alles auszumisten, weil die meisten der Sachen noch einige Jahre zu gebrauchen waren. Ihre Wohnung wurde energetisch derart verstopft, dass es im wahrsten Sinne des Wortes schwierig war, darin zu atmen. Während sie sich fortwährend durch Kisten mit Haushaltsgegenständen und persönlichen Dingen hindurch wühlte, war ihr Leben längst zum Stillstand gekommen.

Schauen Sie Ihre Schränke durch und zählen Sie, in welcher Anzahl Sie manche Dinge horten. Wenn Sie Platz haben, gut, wenn aber nicht, dann ist es wohl an der Zeit, ein wenig auszudünnen.

Geerbter Krempel

Von wem auch immer Sie ihn bekommen haben, nun ist derjenige in der geistigen Welt, wo es keine Anhaftung an das Materielle und keinen Krempel mehr gibt! Deshalb werden die Verstorbenen Ihr Bedürfnis verstehen, ihn loszuwerden. Wenn Sie die Dinge nicht lieben oder sie Ihnen nicht nützlich sind, sollten Sie sie schon heute an jemand anderen weitervererben.

Schachteln

Ich werde niemals den Gesichtsausdruck jenes Möbelpackers vergessen, der in die Knie ging, um einen meiner großen Kartons hochzuheben. Er erwartete, dass er ebenso schwer sein würde wie die anderen Kartons, die er an diesem Morgen getragen hatte, und kippte nach hinten. Das war damals, als ich noch insgeheim leere Kartons hortete!

Ich bin Krebs als Sternzeichen, und wir Krustentiere finden Kisten und Schachteln enorm befriedigend und beruhigend. Oft bin ich weit mehr von der Schachtel entzückt, in der ich ein Geschenk bekomme, als von dem Geschenk selbst! Doch kann das eine sehr raumgreifende Leidenschaft sein, und vom Feng Shui-Bagua her betrachtet, ist es nicht gerade förderlich für den Energiehaushalt, wenn sich eine «Leere Kisten»-Energie in einem Teil der Wohnung konzentriert. Inzwischen schränke ich die Anzahl leerer Kartons ein und achte darauf, dass die meisten wirklich gebraucht werden und nicht leer in der ganzen Wohnung herumliegen.

Wenn man sich neue Geräte anschafft, hebt man die Kartons am besten nur so lange auf, wie die Garantie gültig ist. Anschließend wirft man sie am besten weg. Man sollte sie nicht ewig aufheben «nur für den Fall», dass man umziehen und sie für den Transport der Geräte brauchen könnte. Es ist völlig einfach, die Geräte in den üblichen Umzugskartons zu verpacken. Außerdem empfiehlt es sich, Kartons, die man irgendwo unterbringen will, auseinander zu klappen und flach zu lagern. Auf diese Weise brauchen sie weit weniger Platz und haben nicht mehr diese «leere» Energie.

13
Riesenteile

Sie sollten beim Ausmisten Ihres Krempels nicht die Riesenteile vergessen: die riesige alte Anrichte, die Ihnen schon immer zuwider war, der Flügel, der das Wohnzimmer zustellt, das Wasserbett, das Sie nie gebraucht, das Auto, das in Ihrem Hinterhof verrostet, der riesige Philodendron, der seit zwanzig Jahren in der Ecke Staub fängt. Manche dieser Dinge sind so groß und so schwer abzutransportieren, dass Sie inzwischen schon richtig gut darin sind, durch sie hindurchzuschauen. Sie könnten ewig so weitermachen, doch je größer diese Teile sind, umso stärker blockieren sie Ihren Energiefluss und desto wichtiger ist es, sie von Ihrem Grund und Boden zu bringen – ob Sie nun mögen oder nicht. Das ist umso wichtiger, wenn ihre symbolische Bedeutung aktiv Ihr Fortkommen im Leben bedroht. Ein rostendes Auto im Wohlstandsbereich Ihres Gartens wird sich ganz bestimmt auf Ihre Finanzen auswirken; eine traurig und schlapp aussehende Pflanze in Ihrem Karrierebereich wird Sie bei der Arbeit und in Ihrem Privatleben ermüden und schwerfällig machen; auch unbrauchbare Möbel in einem Bereich Ihres Bagua stellen Hindernisse im entsprechenden Lebensbereich dar usw.

Vielleicht haben Sie nicht so viel übergroßes Gerümpel angesammelt, sondern Ihre Wohnung ist einfach zu klein für all die Dinge, die Sie hineinstellen wollten. Dies oft der Fall, wenn man von einer größeren Wohnung in eine kleinere umgezogen ist und versucht hat, alle Möbel mitzunehmen. Vielleicht hat man auch Möbel geschenkt bekommen oder Sachen gesammelt, die man behalten will, bis man in eine größere Wohnung zieht. Auch in diesem Fall muss man alles realistisch überdenken und pragmatisch zurecht stutzen. Wenn Ihre Wohnung so sehr mit Zeug voll gestopft ist, dass nahezu kein Raum mehr für Menschen bleibt, werden Sie das Gefühl haben, dass Ihr Leben Ihnen vorschreibt, was Sie zu tun haben. Sobald Sie aber etwas Platz schaffen, werden sich neue Möglichkeiten entfalten können.

Setzen Sie sich hin und blättern Sie das Telefonbuch oder die Gelben Seiten durch, und Sie werden wahrscheinlich jemanden finden, der davon begeistert ist, diese unförmigen Teile abholen zu dürfen – vielleicht wird er Ihnen sogar etwas dafür bezahlen. Sonst müssen Sie den Sperrmüll anrufen oder Ihre Freunde und Familienmitglieder dazu bringen, Ihnen beim Zerlegen und Entsorgen zu helfen.

Wenn die Riesenteile erst einmal fort sind, werden Sie überwältigt sein, was das für einen Unterschied macht, und sich wundern, wie Sie nur all die Jahre mit ihnen leben konnten!

14
Das Gerümpel anderer Leute

Sie können sich bei der Familie, bei Freunden oder Kollegen vielleicht eine Menge herausnehmen, doch wagen Sie es nur, einen Finger auf ihren Krempel zu legen, und schon werden die Fetzen fliegen! Am häufigsten werde ich danach gefragt, was man mit dem Plunder anderer Leute macht, besonders mit dem Krempel der Leute, mit denen man zusammenlebt.

Der Krempel des Partners

Allein schon wenn Sie mit Ihrem Partner über seinen Krempel diskutieren, können Angelegenheiten an die Oberfläche kommen, die schon lange im Untergrund Ihrer Beziehung schwelten. Wenn Sie meckern, streiten, drohen und Ultimaten aussprechen, führt das nur dazu, dass krankhafte Ansammler von Krempel sich noch mehr dahinter verschanzen. Räumen Sie NIEMALS deren Chaos auf, bevor sie Sie nicht ausdrücklich darum gebeten haben. Diese Menschen sind gefühlsmäßig an ihren Krempel gebunden und werden ärgerlich oder wütend, wenn man sich daran zu schaffen macht.

Sie sollten einsehen, dass Sie niemanden ändern können. Die einzige Person, die Sie ändern können, sind Sie selbst. In all den Jahren, in denen ich mich mit dieser Materie beschäftigt habe, sind mir nur zwei effektive Maßnahmen untergekommen, um mit dem Krempel anderer Leute fertig zu werden. Es sind die Folgenden:

Information
Um einen Anreiz zu haben, etwas gegen ihren Krempel zu tun, müssen die Menschen erst einmal dessen Schattenseiten verstanden haben. Deshalb erscheinen die Besucher meiner Seminare oft einige Monate später mit ihrem Partner im Schlepptau. Sie wollen, dass auch ihre Partner hören, was ich zu sagen habe. Und das ist auch einer der Gründe, weshalb ich dieses Buch geschrieben habe: Ich will diese Partner erreichen, ohne dass sie in meine Seminare geschleift werden müssen!

Ein gutes Beispiel abgeben
Von zahlreichen Leuten habe ich gehört, dass von dem Augenblick an, als sie begannen auszumisten, ihre Familienmitglieder und engen Freunde ohne besondere Aufforderung auf die Idee kamen, dasselbe zu tun. In vielen Fällen bedarf es hierfür sogar nicht einmal der verbalen Kommunikation. Irgendwie gelangt die Botschaft zu den Leuten, die auf derselben Wellenlänge sind, selbst wenn sie weit entfernt wohnen.

Eine Frau erzählte mir eine unvergessliche Geschichte. Sie hatte voller Begeisterung mein Buch gelesen und fing an, zu Hause ihren Krempel auszumisten. Dafür brauchte sie fast zwei Wochen. Zur selben Zeit verblüffte ihr Großvater die gesamte Familie, indem er wider Erwarten das Gerümpel von vierzig Jahren aus seinem Garten räumte. Dabei wohnte er zweihundert Meilen entfernt und hatte schon seit einer ganzen Weile mit ihr keinen Kontakt gehabt.

Eine andere Frau besuchte eines meiner Wochenendseminare in London. Während sie im Workshop saß und sich über das Ausmisten von Krempel informierte, entschloss sich ihr Mann spontan dazu, selber eine große Ausmistaktion zu starten. Er verbrachte den ganzen Tag damit, sechs Wagenladungen von Gerümpel auf die Müllhalde zu fahren.

Gemma Massey, die erste Space Clearing-Fachfrau, die ich ausgebildet habe, erklärte mir einmal auf sehr eindrückliche Weise, welche Rolle der Krempel zwischen Partnern spielen kann. Sie führt von Natur aus ein sehr ordentliches Leben ohne Plunder. Deshalb begann ihr der ständig unaufgeräumte Schreibtisch ihres Mannes auf den Geist zu gehen. Sie wusste natürlich, wenn das in ihrem Leben war, musste es irgendwie einen Teil ihrer selbst widerspiegeln, doch sosehr sie sich bemühte, sie konnte nicht herausfinden, worum es sich dabei handelte. Da wurde es ihr eines Tages plötzlich klar: Obwohl ihr Mann auf der äußeren Ebene unordentlich ist, ist er auf der inneren Ebene sehr ordentlich und organisiert; sie ist dagegen auf der äußeren Ebene gut, dafür aber auf der inneren Ebene weniger gut organisiert. Und was geschah dann? Kurz nachdem ihr das klar geworden war und sie sich auf der inneren Ebene besser organisierte, entschied sich auch ihr Mann spontan dazu, dass es an der Zeit sei, seinen Schreibtisch aufzuräumen und auch künftig aufgeräumt zu halten!

Krempel von Kindern

Wo kommt er nur her? Der Krempel von Kindern scheint sich zu vermehren und auf alarmierende Weise den Raum zu überwuchern, wenn er nicht kontrolliert und in Schach gehalten wird!

Eines der wichtigsten Dinge, die man Kindern beibringen sollte, ist Vertrauen. Wenn sich Kinder geliebt, sicher und glücklich fühlen, sind sie nicht so sehr auf Dinge angewiesen. Wenn Sie nicht wollen, dass Ihre Kinder später einmal krankhaft Krempel ansammeln, müssen Sie ihnen schon früh ein starkes Bewusstsein für Krempel vermitteln.

Fangen Sie damit an, den Kindern beizubringen, hinter sich aufzuräumen. Wenn sie ein neues Spielzeug bekommen, entscheiden Sie gemeinsam mit ihnen, wo es aufbewahrt wird, damit sie genau wissen, wohin sie es hintun müssen, wenn sie aufräumen. Sprechen Sie regelmäßig mit ihnen, um gemeinsam zu entscheiden, ob sie ein Spielzeug, für das sie zu alt geworden sind, behalten oder wegwerfen wollen. Die endgültige Entscheidung sollte den Kindern selbst überlassen bleiben. Was für Sie so ausschaut, als sei es gestorben und im Himmel, kann für Ihr Kind sehr wichtig und noch jahrelang von Nutzen sein.

Falls Ihr Nachwuchs nicht zu bändigen ist, sollten Sie wissen, dass alle Kinder das Unterbewusstsein ihrer Eltern ausagieren. Anstatt andauernd an ihnen herumzunörgeln, sollten Sie also besser erst einmal die Probleme mit Ihrem eigenen Unrat aufarbeiten – das ist eine Methode, mit der Sie mehr Erfolg haben werden.

Teenager und Krempel

Bei all den Hormonen, die in ihren Körpern herumflitzen, ist es verständlich, dass es auf der Prioritätenliste von Halbwüchsigen nicht gerade obenan steht, ihre Zimmer aufgeräumt und frei von Krempel zu halten. Sofern sie nicht schon in früheren Jahren gelernt haben, krempelfrei zu leben, haben sie höchstwahrscheinlich das Gefühl, schon genug am Hals zu haben. Das Chaos von Teenagern ist normalerweise ihr inneres Durcheinander, das auf der äußeren Ebene sichtbar wird.

Ich nahm einmal beim Fernsehsender MTV an einer Anruferaktion teil, bei der junge Leute mich dazu befragten, wie sie Feng Shui in ihrem Leben umsetzen könnten. Letzten Endes lief es darauf hinaus, dass sie auf drei Hauptgebieten Hilfe brauchten: wie man Prüfungen besteht, Freunde gewinnt und seine Eltern möglichst auf Distanz hält. Die meisten Teenager haben das mehr oder weniger starke Bedürfnis nach einer emotionalen und räumlichen Privatsphäre. Und die Eltern müssen das genauso respektieren, wie die Kinder den Raum ihrer Eltern achten müssen. Am vernünftigsten ist es jedoch, sich darauf zu einigen, dass der Teenager-Krempel und das Teenager-Chaos sich auf bestimmte Räume beschränken und diese regelmäßig aufgeräumt und ausgemistet werden müssen.

Das Gerümpel anderer Leute

Manchmal haben die Leute selber gar nicht so viel Krempel, doch versprechen sie Freunden, Nachbarn und Verwandten, auf etwas aufzupassen. «Bitte gib auf dieses Sofa Acht, solange ich in Neuseeland bin.» Zwei Jahre später wartet man immer noch darauf, dass der Freund zurückkommt, und das Sofa hat schon begonnen, Wurzeln zu schlagen!

Überlegen Sie es sich gut, bevor Sie es erlauben, dass Ihr eigener Raum mit Gerümpel voll gestellt wird, und wenn Sie sich dazu entschließen, es zu tun, dann setzen Sie wenigstens ein Zeitlimit. «In Ordnung, ich werde auf dein Sofa aufpassen, doch wenn du in x Monaten nicht zurück bist, wird es der AIDS-Hilfe gespendet oder Feuerholz daraus gemacht oder was auch immer.» Sprechen Sie sich genau ab, was mit dem Sofa geschehen soll. Auf diese Weise wird Ihre Freundschaft nicht in die Brüche gehen, wenn die Dinge nicht nach Plan verlaufen.

Eine australische Freundin erzählte mir neulich, wie sie ihren Besitz für einige Jahre eingelagert hatte, weil sie im Ausland wohnte. Sie zahlte $ 700, um ihn während dieser Zeit von einem Ort zum anderen zu transportieren. Als sie ihn schließlich verkaufte, bekam sie ganze $ 60 dafür. Wenn einem erst einmal klar geworden ist, dass die meisten Dinge, auf die man aufpassen soll, nicht einmal die Kartons wert sind, in denen sie aufbewahrt werden, fällt es einem bedeutend leichter, sich nicht so schlecht zu fühlen, wenn man ihre Bitte um Lagerplatz ausschlägt.

15
Gerümpel und Feng Shui-Symbolik

Die beste Motivation, sein Gerümpel loszuwerden, entsteht aus der Einsicht, dass Ihnen der Kram einfach nicht gut tut.

Die Symbolik der Dinge in unserer Wohnung kann uns auf zwei verschiedene Weisen beeinflussen. Die erste besteht in den persönlichen Assoziationen, die wir mit etwas verbinden, die zweite in der Frequenz, die der Gegenstand selber aussendet.

Persönliche Assoziationen

Wenn Sie mit bestimmten Dingen in Ihrer Wohnung negative Assoziationen verbinden, schaden Sie Ihrem Lebensraum und Ihrer Seele, selbst wenn sie noch viele Jahre gut zu gebrauchen wären.

Ich hatte einmal einen Freund, der gegen Dinge trat, wenn er wütend wurde. Eines Tages erwischte es den tragbaren Kassettenrekorder. Die Beziehung hielt nicht lange, doch ich behielt den Kassettenrekorder. Jedes Mal, wenn ich ihn benutzte, sah ich die beschädigte Stelle auf der Oberfläche und erinnerte mich an den Vorfall, der sie verursacht hatte. Doch ich behielt den Kassettenrekorder, weil er sonst völlig in Ordnung war. Dies ging etwa ein Jahr lang so weiter, bis ich eines Tages auf den Kassettenrekorder schaute, mich wieder an den Vorfall erinnerte und endlich dazu entschied, dass ich nie wieder daran erinnert werden wollte. Mir war klar geworden, dass ich den Kassettenrekorder symbolisch mit der Enttäuschung über das Verhalten von Männern verband.

Ich kaufte mir schnurstracks einen neuen Kassettenrekorder und gab den alten einer Freundin. Sie konnte gerade einen Kassettenrekorder gebrauchen und freute sich darüber. Sie hatte keine Ahnung, weshalb ein Stückchen Plastik fehlte, schließlich war ein leicht beschädigter Kassettenrekorder für sie bedeutend besser als überhaupt keiner. Bei mir führte die negative Assoziation, die ich mit ihm verband, dagegen zu einem Energieverlust. Es war eine riesige Erleichterung, ihn los zu sein.

Veraltete Assoziationen

Manchmal sind die persönlichen Assoziationen, die man mit einem Gegenstand verbindet, nicht negativ, sondern einfach nur überholt. Wenn ich beispielsweise zu Leuten zur Beratung gerufen werde, die gerne eine neue Beziehung aufbauen würden, gehe ich durch die Wohnung und entdecke oft viele Dinge, die einem ehemaligen Partner dieser Personen gehörten, die sie von ihm geschenkt bekommen haben oder sie an einen Expartner erinnern, den sie noch nicht so recht losgelassen haben. Ob sie sich nun dieser Assoziation bewusst sind oder nicht, ihre Energie wird ständig in die Vergangenheit abgezogen, und das macht es sehr schwierig, etwas Neues zu schaffen.

Wenn Sie, sagen wir mal, 50 Prozent Ihrer Möbel und Ihres Besitzes mit einer Zeit in Ihrem Leben verbinden, mit der Sie eigentlich abschließen möchten, dann werden 50 Prozent Ihrer Energie in die Vergangenheit gezogen, anstatt für die Gegenwart zur Verfügung zu stehen. Was Sie auch unternehmen, der Erfolg wird sich nur langsam einstellen. Ganz ähnlich, wenn Ihre Wohnung voll von Möbeln, Zierrat und anderen Dingen ist, die Sie ständig an Verwandte oder Freunde erinnern, zu denen Sie ein schwieriges oder getrübtes Verhältnis haben oder hatten, dann werden diese Assoziationen Ihre Energie merklich verringern.

Aus diesem Grunde sind Sie es sich schuldig, jede wichtige neue Beziehung an einem Ort zu beginnen, an dem weder Sie noch Ihr Partner vorher gelebt haben. Sie haben keine großen Chancen, wenn Sie an einem Ort wohnen, mit dem einer von Ihnen beiden alte Erinnerungen verbindet.

Ein tief gehendes und gründliches Space Clearing (siehe «Die 21 Stufen zum grundlegenden Space Clearing» am Ende des Buches) wird mit den alten Schwingungen Ihrer Habe aufräumen. Gegen die geistigen und emotionalen Assoziationen, die ausgelöst werden, wenn Sie bestimmte Dinge sehen, kann das Space Clearing jedoch nichts tun. In diesem Falle empfiehlt es sich, seine Zeit und Energie in neue, stärkere, glücklichere und positivere Verbindungen zu investieren, bis Sie den Punkt erreicht haben, wo Sie sich völlig von den alten Assoziationen abnabeln.

Eine Frau, die ich kenne, strich die ganzen viktorianischen Möbel, die sie von ihrer Großmutter geerbt hatte, strahlend blau und gelb an, um sie dem Rest ihrer Einrichtung anzupassen, und das war der Trick! Während sie malte, erfüllte sie die Möbel bewusst mit der ganzen Liebe und Freude, die sie aufbringen konnte, und von da an war das immer die stärkste Assoziation, die sie damit verband.

Die andere Art ist, alles rauszuschmeißen und ganz von vorne anzufangen. Ich habe das zweimal in meinem Leben getan. Beide Male war es eine sehr beängstigende, doch ungeheuer erfrischende, erneuernde Erfahrung; es war ein echter Wendepunkt in meinem Leben. Die meisten Menschen müssen jedoch nicht so radikal sein. Ersetzen Sie nur allmählich die Sachen, mit denen sie lähmende Erinnerungen verbinden.

Frequenzen

Ich konnte schon immer spüren, welche Wirkung ein Bild hat, wenn ich vor ihm stehe. Neulich fiel mir ein Buch von John Diamond in die Hände. Es heißt «Lebensenergie und Gefühle» und erklärt genau, wie ich das mache! Diamond zeigt zum Beispiel ein ungewöhnliches Foto von Winston Churchill, auf dem er einen besonderen Gesichtsausdruck hat. Die Bildunterschrift lautet: «Die meisten Leute werden einen schwachen Leber-Meridian haben, während sie dieses Foto anschauen.» Unter dem Foto einer anderen Person steht: «Die meisten Leute werden einen schwachen Herz-Meridian haben, während sie dieses Foto anschauen», und so ging es durch alle Meridiane. Diamond hat herausgefunden, inwiefern die negativen und positiven emotionalen Zustände mit den Energiekanälen in unserem Körper zusammenhängen.

Die Chinesische Medizin lehrt uns, dass die Energie unseren Körper in zwölf Meridianen durchströmt. Die Akupunktur basiert darauf, den Energiefluss in diesen Meridianen zu harmonisieren und auszubalancieren, um dadurch zugleich die Organe neu zu beleben, mit denen sie in Verbindung stehen. John Diamonds Forschungen haben ergeben, dass die Funktion dieser Energiekanäle und folglich auch unser genereller Gesundheitszustand sehr stark von positiven oder negativen Gefühlszuständen beeinflusst werden. So wird die Leber geschwächt, wenn man sich unglücklich fühlt, und gestärkt, wenn man sich freut; der Herz-Meridian wird durch Ärger geschwächt und durch Liebe und Versöhnlichkeit gestärkt; die Milz wird durch Angst vor der Zukunft geschwächt und durch eine Haltung des Glaubens an die Zukunft gekräftigt usf. Es ist eine faszinierende Studie und ein lesenswertes Buch.

Am packendsten fand ich die Anwendung dieser Erkenntnisse auf Feng Shui. Viele Menschen, die ich beriet, hatten an den wichtigsten Stellen ihrer Wohnung ein Bild, ein Foto, ein Gemälde, ein Poster, eine Statue, Schmuckgegenstände oder andere Dinge, deren Schwingung völlig dem widersprach, was die Klienten eigentlich wollten. Eine Frau besaß zum Beispiel ein riesiges, trauriges Selbstporträt, das in düsteren Farben gemalt war. Es hing an der wichtigsten Stelle ihres Esszimmers, neben der Türe, die zur Küche führte. Sie musste das Bild mehrere hundert Mal am Tag gesehen haben, und von seiner Wirkung auf meinen Körper her war mir sofort klar, dass sie depressiv sein musste. Das Bild war so teuer gewesen, dass sie sich weigerte, es wegzugeben. So überzeugte ich sie zumindest, es für einen Monat abzuhängen, um auf diese Weise zu sehen, wie sie sich dabei fühlen würde. Sie war überrascht, um wie vieles besser sie sich ohne das Bild fühlte, und hängte es nie wieder auf.

Seine Wohnung nach symbolischen Gesichtspunkten einrichten

Sie sollten nun durch Ihre Wohnung gehen, alle Dinge und Einrichtungsgegenstände betrachten und sich fragen: «Welche Bedeutung hat das alles auf der symbolischen Ebene? Wie beeinflusst es mich energetisch? Erzielt es den erwünschten Effekt, oder könnte ich es besser machen?»

Fangen Sie damit an, alle Dinge auszusortieren, die Ihre Energie herunterziehen (dazu gehören auch herunterhängende Pflanzen und Zierrat, der von der Wand herunterhängt). Das ist besonders wichtig, wenn Sie Zimmer mit niedriger Decke haben. Dann wird die Energie schon eingeengt, bevor Sie überhaupt angefangen haben.

Dann fangen Sie an zu zählen. Sind die Dinge in Ihrer Wohnung einzeln, paarweise oder in Gruppen zusammengestellt? Wenn Ihr ganzer Nippes in Einzelstücken auftritt, wird Ihnen Ihr Leben eher Einsamkeitserfahrungen bescheren. Wenn Sie lieber in einer Partnerschaft leben möchten, können Sie die Energie Ihrer Wohnung dadurch aufpowern, dass Sie die Dinge paarweise zusammenstellen. Glücklich verheiratete Paare kaufen alles ganz selbstverständlich in zweifacher Ausführung, weil es sich richtig für sie anfühlt (fragen Sie mal nach!). Zuerst wird es Ihnen seltsam vorkommen, dergleichen zu tun, weil Sie es gewöhnt sind, allein zu sein. Doch müssen Sie es einfach so lange tun, bis es für Sie zur zweiten Natur geworden ist. Dann wird Ihr persönliches Energiefeld früher oder später den erwünschten Wandel vollziehen.

Nun schauen Sie, welche symbolische Bedeutung Ihre Wohnung im Zusammenhang mit dem Feng Shui-Bagua hat. Jeder Bereich Ihrer Wohnung sollte überprüft werden, denn alle Bereiche der jeweiligen Zimmer haben ihre entsprechende Symbolik, die Sie bei Ihrem Vorhaben beeinflusst.

Ich erinnere mich an eine Frau, die ständig mit ihrem Arbeitgeber herumstritt. Im Karrierebereich ihrer Wohnung hing ein riesiges Ölgemälde mit einer Schlachtszene. Eine andere Frau stellte fest, dass die Wohlstandsecke ihres Schlafzimmers leer war. Deshalb ging sie hin und kaufte den prachtvollsten Blumenstrauß. Später kam ihr Mann nach Hause und schenkte ihr zum ersten Mal in ihrer zwanzigjährigen Ehe tausend Pfund, mit denen sie machen konnte, was sie wollte!

Schauen Sie alles in Ihrer Wohnung an und fragen Sie sich: «Was symbolisiert das für mich und welches Gefühl gibt es mir?» Die genauen Erläuterungen zum Ausmisten von Krempel im nächsten Kapitel werden es Ihnen bedeutend leichter machen, Ihre Habe durchzugehen und Überflüssiges auszusortieren.

TEIL DREI
Ausmisten

16
Wie man ausmistet

Hier sind drei erprobte und geprüfte Umgangsweisen mit Gerümpel.

1. **Die Lass-die-Natur-ihren-Lauf-nehmen-Methode (auch die Entscheidungsverhinderungs-Taktik genannt)** Bringen Sie Ihr Gerümpel an einen Ort, wo es so verrottet, dass Sie es nicht weiter behalten wollen. Ein Mann, der gerade in Bali auf Urlaub machte, vertraute mir in diesem Zusammenhang Folgendes an: «Ich habe bei mir zu Hause jede Menge Krempel ausgeräumt und den Rest draußen im Schuppen verstaut. Nun hoffe ich, dass er bei meiner Heimkehr so schimmlig ist, dass ich alles wegschmeißen muss.»
2. **Die Warte-bis-du-tot-bist-und-deine-Verwandten-für-dich-aufräumen-Methode** Diese Methode war während der vergangenen Jahrhunderte besonders beliebt. Mit ihr können Sie sogar in Ihrem Testament den Hinterbliebenen ganz genau vorschreiben, was sie zu tun haben.
3. **Die Verantwortung für das Zeug übernehmen und es selber ausmisten** Das ist die Methode, die ich empfehle. Sie gibt bedeutend mehr Kraft, schafft ein besseres Karma und ermöglicht Ihnen, Ihr Leben wieder in die Hand zu nehmen, anstatt darauf zu warten, bis entweder Ihr Gerümpel oder gar Sie selbst das Zeitliche segnen!

In die Gänge kommen

Es ist zweifellos schwierig, seine Trägheit so weit zu überwinden, dass man tatsächlich in die Gänge kommt. Doch wenn man erst einmal begonnen hat, setzt der Prozess mehr Energie frei, und das ermöglicht es einem, weiterzumachen. Die ganze aufgestaute Energie, die im Krempel gebunden ist, wird freigesetzt und kann nun auf positivere Weise gebraucht werden. Und je mehr Gerümpel man ausräumt, umso leichter wird es, denn inzwischen weiß man, wie gut man sich hinterher fühlt und welche positiven Wirkungen daraus folgen.

Meine Faustregel lautet: Sobald ich auf mehr als zwei Mülltüten käme, wenn ich morgen ausziehen würde, muss ich sofort einiges aussortieren. Ich halte das so, weil mein Leben auf diese Weise viel besser läuft. Für mich ist das keine Form von Disziplin, an die ich mich halten muss – es erscheint mir nur so sinnvoll, dass ich gar nicht mehr anders leben wollte. Ich bin auch keine Fanatikerin, sondern verbringe nur regelmäßig ein bisschen Zeit damit, damit alles überschaubar bleibt.

Hier sind also ein paar Hinweise, wie man am besten mit der großen Krempel-Entrümpelungsaktion beginnt.

Es langsam oder schnell tun

Die Menschen besitzen verschiedene Mengen und Arten von Krempel, ganz zu schweigen von ihrer unterschiedlichen Bereitschaft, ihn loszulassen. Dabei lassen sie sich in zwei Persönlichkeitstypen einteilen: Der eine Typ wird dieses Buch lesen, alle Verabredungen absagen und wie ein Orkan bei sich zu Hause wüten; der andere Typ macht es schrittweise.

Wenn Sie mehr Zeit brauchen, sollten Sie das akzeptieren. Es kann sein, dass Sie zu beschäftigt, zu gestresst oder einfach nur von der bloßen Menge an Gerümpel überwältigt sind. Gehen Sie mit Ihrer eigenen Geschwindigkeit ans Werk, wie auch immer das ausschauen mag, und machen Sie immer nur so viel, wie Sie können. Doch behalten Sie das Folgende im Bewusstsein:

Wenn Sie beschäftigt sind – sollten Sie sich daran erinnern, dass Sie Zeit hatten, sich den ganzen Plunder zuzulegen. Deshalb werden Sie ja wohl auch die Zeit finden, ihn loszuwerden!

Wenn Sie gestresst sind – sollten Sie wissen, dass das Ausmisten eine der besten Therapien gegen Sorgen, Stress und Ängste ist.

Wenn Sie sich überwältigt fühlen – dann werden Sie es nicht mehr sein, wenn Sie diese einfachen Schritte befolgen. Sie haben bereits Tausenden von Menschen dabei geholfen, ihre Last zu erleichtern, diejenigen eingeschlossen, die noch viel krankhafter Krempel angesammelt haben als Sie.

Der beste Zeitpunkt zum Ausmisten

Jeder Zeitpunkt ist der richtige. Da der meiste Krempel drinnen ausgemistet wird, kann man es bei Tag oder bei Nacht tun, zu jeder Jahreszeit und egal, ob es nun regnet oder schneit. Wenn man dieses Buch zufälligerweise im Frühjahr liest, so ist das eine gute Zeit. Wenn in der Natur alles wächst und gedeiht, erwacht auch unser gesunder natürlicher Instinkt zum Ausmisten. Wer in einem Teil der Welt lebt, wo es nur zwei Jahreszeiten gibt (nass und trocken) statt vier, wird bemerken, dass es leichter ist, am Anfang einer dieser Perioden auszumisten.

Ein anderer geeigneter Zeitpunkt ist nach der Rückkehr aus dem Urlaub. Man sieht dann alles aus einer anderen Perspektive, und es fällt einem leichter, Entscheidungen darüber zu treffen, was man wirklich behalten muss. Dasselbe gilt, wenn man umzieht, sich von einer Krankheit erholt, einen neuen Job, eine neue Beziehung oder einen anderen neuen Lebensabschnitt beginnt. Doch sollte man nicht erst auf solche äußeren Ereignisse warten – Sie könnten eine schlechte Entschuldigung dafür sein, dass man nicht gleich mit dem Ausmisten anfängt. Also noch einmal: Jeder Zeitpunkt ist der richtige!

Die meisten Leute finden, dass bestimmte Tageszeiten besonders gut zum Ausmisten sind. Ich tue es am liebsten morgens als Erstes. Jeder sollte herausfinden, wann er am entscheidungsfreudigsten ist, und zum entsprechenden Zeitpunkt ausmisten.

Es ist empfehlenswert, sich mindestens einmal im Jahr einen großen Überblick über den gesamten Plunder zu verschaffen. Wenn Sie wirklich wollen, dass Ihr Leben gut läuft, müssen Sie den Krempel von da an ständig beobachten. Erst misten Sie den größten Teil aus und dann achten Sie darauf, dass er überschaubar bleibt.

Space Clearing zur Unterstützung

Eigentlich sollten die Informationen in diesem Buch dazu ausreichen, Sie zum Ausmisten zu motivieren. Wenn Sie jedoch mein erstes Buch gelesen haben oder gerne tiefer in Feng Shui einsteigen möchten, könnte eine vollständige Space Clearing-Zeremonie Ihnen sehr dabei helfen, den ersten Schritt zu tun (siehe «Die 21 Stufen des Space Clearing»). Zwar ist ideal, zuerst auszumisten. Doch wenn Ihr Arbeitspensum auf diesem Gebiet einfach zu groß ist, können Sie den Vorbereitungsteil der Space Clearing-Zeremonie übergehen und gleich den Rest der Zeremonie vollziehen, einfach um die Energie im Raum in Bewegung zu bringen. Später, wenn Sie ausgemistet haben, können Sie noch einmal eine Space Clearing-Zeremonie vollziehen, um den Raum erneut zu weihen.

Der Umgang mit Gedanken und Gefühlen

Dieses Buch sagt Ihnen nicht, dass Sie dieses oder jenes tun sollten! Es erklärt lediglich, welchen Einfluss es auf Sie hat, wenn Sie Ihren Krempel behalten, damit Sie davon ausgehend Ihre eigene bewusste Wahl treffen können.

«Sollte» ist eines der Worte, die am meisten Energie kosten. Wenn Sie es gebrauchen, fühlen Sie sich schuldig und unter Druck. Ich rate Ihnen, dieses Wort aus Ihrem Wortschatz zu streichen und stattdessen das Kraft spendende Wort «könnte» zu gebrauchen.

Es macht einen spürbaren Unterschied, ob man sagt: «Ich *sollte* heute damit beginnen, meinen Krempel auszumisten» oder «Ich *könnte* heute damit beginnen, meinen Krempel auszumisten». «Könnte» überlässt einem die Wahl und erlaubt es einem, später den Gewinn der vollbrachten Arbeit für sich in Anspruch zu nehmen. «Sollte» deprimiert einen hingegen, es gibt einem das Gefühl, im Unrecht zu sein, und bringt einem wenig Freude, wenn man seine Pflicht erfüllt.

Ich schlage vor, die Wendung *«kann nicht»* durch *«will nicht»* zu ersetzen. Dann werden Sie wirklich Fortschritte machen. Fühlen Sie noch einmal den Unterschied: «Ich kann mich nicht entscheiden, ob ich das behalten oder weggeben soll.» Wenn Sie «kann nicht» sagen, sind Sie hilflos und hoffnungslos; sagen Sie hingegen «will nicht», so bringen Sie Ihre freie Willensentscheidung zum Ausdruck. Und wenn Sie sich dann fragen, weshalb Sie es nicht loslassen wollen, werden Sie entdecken, dass es auf eine unbewusste Blockade zurückzuführen ist, deren Sie sich nicht bewusst waren. «Ich wollte mich nicht entscheiden, ob ich es behalte oder weggebe, weil dies all die Gefühle hochgebracht hätte, die mit meiner Mutter/meinem Vater/meiner Frau zu tun haben» usf. Nun, in diesem Fall gibt es noch einiges für Sie zu tun, doch wenigstens sind Sie jetzt ehrlich.

Eine Liste erstellen

Nehmen Sie erst einmal Notizblock und Bleistift zur Hand, machen eine Tour durch die Wohnung und notieren sich die unordentlichen Zonen in jedem Zimmer. Wenn Sie gerade nicht zu Hause (oder zu faul) sind, schließen Sie einfach die Augen und visualisieren sich selbst, wie Sie von Raum zu Raum gehen. Sie werden herausfinden, dass Sie genau wissen, wo der Krempel steckt.

Dann nehmen Sie sich ein weiteres Blatt Papier und schreiben die Liste noch einmal: Fangen Sie mit den kleineren unordentlichen Bereichen an und arbeiten sich bis zu den Monsterbergen vor. Kleinere Zonen befinden sich beispielsweise hinter Türen, in einzelnen Schubladen, dem Badezimmerschränkchen, kleinen Schränken, Handtaschen, Aktentaschen oder Werkzeugkästen. Mittelgroße Zonen sind Kleider-, Küchen- und Wäscheschränke, Schreibtische, Aktenschränke usf. Große Zonen sind Rumpelkammern, Keller, Speicher, Gartenschuppen, Garagen und alle mit Gerümpel voll gestellten Räume, die eindeutig eine Weile brauchen, um bezwungen zu werden.

Malen Sie nun Sternchen an die Zonen, die Sie nerven. Mit diesen Zonen fangen Sie an, erst die kleinen, dann die großen. Gönnen Sie sich erst einmal ein paar kleine Erfolgserlebnisse, das wird Sie anspornen und dazu ermutigen, später die größeren Bereiche in Angriff zu nehmen. Und wenn Sie erfahren haben, wie gut es sich anfühlt, die wirklich nervenden Zonen in Angriff zu nehmen, werden Sie zu den Bastionen vorstoßen, von denen Sie sich gewünscht hatten, sie würden sich von allein in Luft auflösen.

Sich selbst motivieren

Es ist ebenfalls sehr motivierend, wenn Sie mit Hilfe des Feng Shui-Bagua überprüfen, welche Bereiche Ihres Lebens dadurch sabotiert werden, dass Sie im entsprechenden Bereich der Wohnung Gerümpel angehäuft haben. (Die meisten Menschen sind von der Genauigkeit dieses Systems überrascht.) Denken Sie dann darüber nach, wie Sie sich die entsprechenden Aspekte Ihres Lebens in der Zukunft vorstellen. Es wird Ihnen dabei helfen, schneller in die Gänge zu kommen und dabei zu bleiben, bis die Arbeit getan ist.

Letzte Vorbereitungen

Nachdem Sie sich nun eine Vorstellung davon gemacht haben, wie viel Krempel Sie ausmisten möchten, müssen Sie sich die nötigen Voraussetzungen schaffen, um ihn wegzuschaffen. Wenn Sie sich nicht gleich dazu entschließen, einen Müllcontainer zu bestellen, stellen Sie einfach einige Pappkartons und/oder Mülltüten bereit. Sie werden Ihre kleine Armee von Helfern sein.

Wenn Sie sich für Kisten entscheiden, werden Sie folgende vier Kategorien benötigen.

– **Eine Müllkiste** für das Gerümpel, das eindeutig für die Müllkippe bestimmt ist.
– **Eine Reparaturkiste** für Gegenstände, die repariert, bearbeitet, restauriert usw. werden müssen. Hier kommen nur Dinge hinein, bei denen Sie sich sicher sind, dass Sie sie behalten wollen und brauchen. Für die Reparatur setzen Sie sich ein Zeitlimit.
– **Eine Wiederverwertungskiste** für Dinge, die wieder verwertet, verkauft, umgetauscht oder jemand anderem gegeben werden müssen etc. Schicken Sie sie wieder in die Welt zurück, damit jemand anders sie gebrauchen kann.

– **Eine Übergangskiste** für Dinge, die auf dem Weg zu einem anderen Platz in Ihrer Wohnung sind (zu einem anderen Zimmer oder einem Ort, den Sie bisher noch nicht für sie geschaffen haben, weil Sie zuerst Ihre Unordnung aufräumen müssen!).

Bis Sie erfahren im Ausmisten sind, werden Sie womöglich noch eine fünfte Kiste brauchen:
– **Eine Unentschiedenheitskiste** für Dinge, bei denen Sie immer noch hin- und hergerissen sind, ob Sie sie nun behalten oder weggeben sollen.

Wenn Sie bei der Arbeit vorwärts kommen, werden Sie vielleicht auch das Bedürfnis verspüren, Unterabteilungen in Ihrer Wiederverwertungskiste einzurichten, wie zum Beispiel:
– **Eine Geschenkkiste** für Dinge, die Sie Ihren Freunden oder Verwandten geben wollen.
– **Eine Wohltätigkeitskiste** für Dinge, die Wohlfahrtsorganisationen, Bibliotheken, Schulen und Krankenhäusern usw. gespendet werden sollen.
– **Eine Rückgabekiste** für Dinge, die den Leuten zurückgegeben werden sollen, denen sie gehören.
– **Eine Verkaufskiste** für Dinge, die Sie verkaufen oder gegen etwas eintauschen können, das Sie wirklich wollen.

Und Kisten für all die Dinge, die recycled werden können (Papier, Flaschen etc.).

DIE GROSSE AUSMISTAKTION BEGINNT

Fangen Sie klein an

Am besten suchen Sie sich zuerst einen kleinen Bereich zum Aufräumen aus. Eine Schublade oder ein kleiner Schrank sind ideal. Wenn Sie fertig sind, streichen Sie sie zufrieden von der Liste. Die meisten Leute fühlen sich so gut, wenn sie einen Bereich ausgemistet haben, dass sie sich nach und nach immer mehr Bereiche vornehmen. Jeder kleine Bereich, den Sie fertig bekommen, setzt die Kraft für weitere frei. Überlassen Sie es Ihrem eigenen Tempo und machen Sie nur so viel, wie Sie gerade wollen. Das kann einige Stunden, einige Tage, einige Wochen oder einige Monate dauern, je nachdem wie viel Sie auszumisten haben und wie groß Ihre Begeisterung ist. Doch bedenken Sie: Die Geschwindigkeit, mit der die positiven Veränderungen in Ihrem Leben eintreten werden, hängt vom Enthusiasmus und von der Entschlossenheit ab, die Sie beim Ausmisten aufbringen!

Größere Bereiche

Wenn Sie einige der kleineren Bereiche in Ordnung gebracht haben, nehmen Sie die mittelgroßen in Angriff und dann die ganz großen. Teilen Sie aber jeden Bereich in überschaubare Teilstücke ein, die für Sie auch zu bewältigen sind; Schränke gliedern Sie nach Fächern, Räume nach verschiedenen Bereichen. Auf diese Weise können Sie sich durch die ganze Wohnung durcharbeiten und dabei das nötige Selbstvertrauen gewinnen.

Wie man seine Sachen durchgeht

Beim Aussortieren der Dinge legen Sie auf gar keinen Fall einen Haufen von Dingen an, über deren weiteres Schicksal Sie erst später entscheiden! Nehmen Sie sich jedes Teil eines nach dem anderen vor und entscheiden Sie hier und jetzt, ob es hier bleiben oder ausgemistet werden soll. Wenn es wegkommen soll, stecken Sie es in die Müllkiste oder in die Wiederverwertungskiste. Wenn Sie es behalten wollen, entscheiden Sie, wo es stehen soll, und bringen Sie es entweder gleich dorthin oder legen es in die Übergangskiste. Nach jedem Ausmisten nehmen Sie die Übergangskiste auf einen Rundgang durch Ihre Wohnung mit und bringen jedes einzelne Ding an den Ort, wo es künftig stehen soll. Ist einer dieser Orte bereits voll, weil Sie ihn noch nicht aufgeräumt haben, werden die Dinge noch eine Weile in der Übergangskiste bleiben müssen. Das ist zwar nicht das Ideale, doch zumindest das Beste, was Sie tun können.

Der ganze Prozess sollte Ihnen Spaß machen. Alles, was in Ihrer Wohnung Raum in Anspruch nimmt, muss von nun an eine wirkliche Daseinsberechtigung haben. Fragen Sie sich immer: «Besteht es den Krempel-Test?»

Der Krempel-Test
1. Steigert es meine Energie, wenn ich an es denke oder es anschaue?
2. Liebe ich es aus vollem Herzen?
3. Ist es wirklich nützlich?

Wenn die Antwort auf diese Fragen nicht deutlich «Ja» lautet, was macht es dann in Ihrem Leben?
1. **Steigert es meine Energie, wenn ich an es denke oder es anschaue?** Der verlässlichste Teil des Krempel-Tests ist die Frage, ob eine Sache Sie energetisiert oder nicht. Ihr Verstand und Ihre Gefühle können Sie zum Narren halten und alle Arten von Gründen vorbringen, weshalb Sie etwas behalten sollten; Ihr Körper hingegen kennt die Wahrheit und lügt nie.

2. **Liebe ich es aus vollem Herzen?** Wenn ja, inspiriert es mich wirklich oder ist es nur «nett»?
Habe ich schon genug Dinge dieser Art, um meine Bedürfnisse zu befriedigen?
Selbst wenn ich es noch liebe, weckt es bei mir auch traurige Assoziationen?
3. **Ist es wirklich nützlich?**
Wenn ja, wann habe ich es zum letzten Mal gebraucht?
Wann werde ich es – realistisch gesehen – vermutlich das nächste Mal gebrauchen?

Es ist sicher, es loszulassen

Machen Sie beim Aussortieren Ihrer Sachen folgende Affirmation: «Es ist sicher, es loszulassen». Ausmisten hat nämlich damit zu tun, loszulassen und darauf zu vertrauen, dass der Lebensprozess das bringt, was man braucht und wann man es braucht. Alles, was man «nur für den Fall» aufhebt, hebt man aus Angst auf.

Wenn Sie viel Plunder besitzen, kann es sein, dass Sie ihn mehrmals durchsehen müssen, bevor Sie sich frei genug fühlen, bestimmte Dinge loszulassen. In manchen Fällen kann es ein ganzes Jahr oder länger dauern, bevor man sich endlich selbst eingesteht, dass es für nichts mehr zu gebrauchen ist!

Es gibt keine falschen Entscheidungen

Wie alles, was man im Leben lernt, ist Ausmisten eine Fähigkeit, die man entwickeln kann. Es ist so, wie wenn man seinen Ausmist-Muskel aufbauen müsste. Je mehr man in dieser Hinsicht tut, desto fähiger wird man und desto leichter fällt es einem; doch wenn man gerade neu anfängt, kann man schon mal das Gefühl bekommen, ein Ausmist-Schwächling zu sein.

Viele Leute nehmen Abstand von einer Ausmistaktion, weil

sie Angst haben, etwas wegzuwerfen und es später zu bereuen. Doch wenn Sie es einmal eine Weile lang gemacht haben, wird Ihnen klar werden, dass es keine falschen Entscheidungen gibt, niemals. Selbst wenn Sie einmal bereuen, etwas weggeschmissen zu haben, können Sie darauf vertrauen, dass das höhere Selbst diese Entscheidung mit gutem Grund getroffen hat. Man wird nach einiger Zeit begreifen, aus welchem guten Grund es geschehen ist. Ich glaube tatsächlich, dass dies nicht nur für Krempel, sondern für alles im Leben zutrifft. Jede Wahl ist eine gute Wahl. Wirklich wichtig ist nicht die Wahl selbst, sondern der Grund, weshalb Sie sich so entscheiden. Jede Wahl, die man aus Angst heraus trifft, raubt einem die Kraft.

Die Unentschiedenheitskiste

Bis Sie den Kniff mit der richtigen Wahl raus haben, werden Sie wohl noch die Unentschiedenheitskiste brauchen. Wenn Sie auf Dinge stoßen, die eigentlich dem Krempel zuzuordnen sind, Sie sich in Ihrem Herzen aber noch nicht dazu bereit fühlen, mit ihnen zu brechen, legen Sie sie in die Zwiespaltskiste. Daraufhin lassen Sie diese Schachtel in der tiefsten, dunkelsten Nische eines Ihrer Schränke verschwinden und machen zu einem späteren Zeitpunkt eine Notiz in Ihrem Tagebuch (einen Monat später, sechs Monate oder was immer Sie für richtig halten), dass Sie um diese Zeit die Kiste überprüfen wollen. Versuchen Sie sich dann daran zu erinnern, was alles in der Kiste steckt. Es ist ziemlich wahrscheinlich, dass Sie es bis dahin vergessen haben, was beweisen würde, dass Sie in Wirklichkeit nicht eines dieser Dinge brauchen. Sie kamen auch ohne sie bestens zurecht. Schließen Sie mit sich einen Vertrag ab: Alles, woran Sie sich erinnern können und wofür Sie eine echte Verwendung zu haben glauben, dürfen Sie behalten; alles andere fliegt raus! Wenn Ihnen das zu radikal vorkommt, öffnen Sie die Kiste und schauen den Inhalt noch einmal richtig durch, ohne allerdings zu vergessen, dass Sie während der gesamten Lagerzeit nicht eines dieser Dinge gebraucht haben.

Aufräumen

Wenn Ihr Chaos eher durch Unordnung entsteht als durch Dinge, die aussortiert und weggeworfen werden müssen, kann ich Ihnen einen völlig neuen Weg vorschlagen, wie Sie Ihre Wohnung in Ordnung bringen und der Zustand erhalten bleibt.

Fangen Sie in einer Ecke des Zimmers an. Sie heben einen Gegenstand auf, der weggeräumt werden muss. Sagen wir mal, es ist ein T-Shirt. Dann beginnen Sie in einer rhythmisch singenden Sprechweise laut mit sich selbst zu sprechen und zu beschreiben, was Sie gerade tun. «Ich hebe das T-Shirt auf und bringe es zum Schrank. Ich öffne die Türe und hänge es auf den Kleiderbügel.» Dann gehen Sie zurück und holen noch weitere Sachen aus derselben Ecke. «Ich hebe die Zeitung auf und werfe sie in den Mülleimer. Ich hebe das Buch auf und stelle es ins Regal» usw.

Ihre Sätze müssen immer denselben Rhythmus haben und aus zwei Teilen bestehen: da-da-dee-dee-da und da-da-dee-da-dee-da. Es ist dieser Rhythmus, der einen antreibt und dafür sorgt, dass die Arbeit Spaß macht. Kinder lieben es, auf diese Weise aufzuräumen. Der Verstand ist mit etwas beschäftigt, so verstricken wir uns nicht in unserer üblichen Unentschiedenheit oder verlieren uns in Nebensächlichkeiten. Man versucht einfach, in den Rhythmus zu kommen, und lässt sich dann von ihm tragen. Man fängt in einer Ecke an und arbeitet sich durch den Raum, bis er aufgeräumt ist.

Wie man das Gerümpel aus dem Haus schafft
Die Arbeit ist erst getan, wenn der Krempel aus dem Haus ist. Das ist der entscheidende Schritt beim Ausmisten!

Abfall und Recycling Am leichtesten wird man den Krempel los, der für den Abfall oder das Recycling bestimmt ist. Man kann einen Container mieten, um ihn wegzubringen, ihn in ein Auto oder einen Lieferwagen laden und selber auf die örtliche Müllhalde oder zur Recycling-Anlage fahren. Man kann ihn aber auch einfach in die Mülltonne vor dem Haus werfen und von der Müllabfuhr abholen lassen. Es ist sehr befriedigend, ihn so schnell wie möglich aus dem Haus zu bekommen.

Verschenken Dinge, die Sie Freunden, Bekannten, Wohltätigkeitsorganisationen oder Institutionen schenken wollen, werden Sie nicht so schnell los. Unter Umständen müssen Sie lange warten, bis Sie einen bestimmten Freund sehen oder an einer bestimmten Schule, einer Bibliothek, einem Krankenhaus etc. vorbeikommen. Wenn Sie diese Möglichkeit wählen, sollten Sie sich deshalb eine Frist (sagen wir, bis zum Monatsende) setzen, innerhalb derer Sie die jeweiligen Dinge verschenkt haben müssen. Ansonsten tun Sie es in die Recyclingkiste oder machen gleich klar Schiff und lassen es auf den Müll wandern. Verstehen Sie mich nicht falsch. Ich bin von ganzem Herzen dafür, dass ausrangierter Plunder Leuten zugute kommt, die ihn brauchen und zu schätzen wissen. Doch aus Erfahrung weiß ich, dass der meiste Kram, der ursprünglich zum Verschenken bestimmt war, meistens nur in Kartons und Taschen vor sich hin brütet und nie den Weg aus der Tür schafft. Solange Sie nicht die nötige Erfahrung beim Ausmisten haben, sollten Sie sich den Luxus des Verschenkens verkneifen. Konzentrieren Sie sich lieber erst einmal darauf, Ihren Krempel so schnell wie möglich loszuwerden.

Dinge zurückgeben Auch das kann eine Weile dauern. Man muss die Leute kontaktieren, denen sie gehören, und darum bitten oder darauf bestehen, dass sie die Sachen abholen. Man sollte ihnen ein vernünftiges Zeitlimit setzen. Wenn sie das Zeug bis dahin nicht abgeholt haben, lässt man sie wissen, dass man es nun auf seine Weise beseitigen wird. Als Alternative kann man die Sachen auch zurückschicken oder selber hinbringen.

Verkaufen Das kann sogar noch länger dauern. Deshalb ist es überhaupt nichts für einen Ausmistanfänger, es sei denn, man hat jemanden, der alles abnimmt, oder verkauft selber regelmäßig auf dem Flohmarkt.

Tauschen Das ist nicht weniger schwierig, es sei denn Sie kennen jemanden, der genau nach dem sucht, was Sie haben, und der genau das hat, wonach Sie suchen. Oder Sie wenden sich an eine Organisation, die sich auf Tauschgeschäfte spezialisiert hat. Setzen Sie sich eine Deadline, und wenn Sie bis dahin niemanden zum Tauschen gefunden haben, sollten Sie sich entschließen, die Sachen zu verkaufen, wegzugeben, wegzuwerfen oder auf andere Weise loszuwerden.

Reparieren, Ändern, Restaurieren etc. Dies kann schließlich am allerlängsten dauern und ist die bei weitem heikelste Variante. Die Chancen sind groß, dass die Sachen nächstes Jahr oder in zehn Jahren immer noch unrepariert, ungeändert und unrestauriert bei einem herumliegen. Besonders vorsichtig sollte man mit den Dingen sein, die man eines Tages in etwas Nützliches verwandeln wollte, sowie mit Dingen, die man behält, bis man das passende Gegenstück für sie gefunden hat, und die dann eine Funktion erfüllen. Träumen Sie weiter!

Verwöhnen Sie sich

Dieses Buch soll Ihnen die Vorzüge des Ausmistens von Krempel so schmackhaft machen, dass Sie die Trägheit überwinden, ihn zu behalten. An das Ausmisten sollten Sie mit der Grundeinstellung herangehen, dass Sie sich damit eine Freude machen! Wenn Sie später erfahren haben, welche Vorteile es bringt, werden Sie sich dieses Vergnügen öfter gönnen wollen. Oder wie eine Frau einmal zu mir gesagt hat: «Ich wusste überhaupt nicht, dass man genauso viel Vergnügen daran haben kann, materielle Dinge loszuwerden, wie man es ursprünglich beim Erwerben empfand!»

Bedenken Sie jedoch, dass es nicht um Perfektion geht. Nehmen Sie sich einfach vor, mit dem Krempel fertig zu werden, der Ihren Raum verstopft, und führen Sie dann ein ganz normales Leben.

17
Gerümpelfrei bleiben

Ein Mann schrieb mir in einer e-Mail: «Ich bin gerade dabei auszumisten. Jetzt sehe ich mehr Krempel als je zuvor. Ich lache über mich. Wenn ich etwas in der Schublade suche, sehe ich gleich die Unordnung. Also räume ich erst die Schublade auf und fühle mich erst besser, wenn die Arbeit getan ist.»

Einige Wochen später schrieb er mir wieder eine e-Mail: «Ich bin gestern von einem Skiurlaub nach Hause gekommen und hatte vier Taschen mit Zeug dabei. Bevor ich heute Morgen das Haus verließ, konnte ich nicht anders, als alles schnell wegzuräumen. Es machte mich verrückt, die Unordnung sehen zu müssen.»

Dieser Mann hat das Aufräumen tatsächlich in sein Leben integriert! Das Geheimnis eines krempelfreien Lebens besteht darin, seine Hamster-Gewohnheiten zu ändern.

Ein Platz für alles und alles an seinem Platz

Ich erinnere mich, einmal von einer reichen arabischen Familie gelesen zu haben, die regelmäßig zwischen vier verschiedenen Städten ihres Heimatlandes hin und her reiste. Der Ehemann war unterwegs, um sein Geschäft zu führen, und wurde von der gesamten Familie begleitet. Weil er es sehr desorientierend fand, dauernd auf Achse zu sein, investierte er seinen Reichtum, um an jedem der vier Orte die gleiche Villa zu bauen und sie genau gleich einzurichten. Nicht nur das; wenn eines der Familienmitglieder etwas zum Anziehen kaufte, erstanden sie viermal das Gleiche und schickten es in alle vier Häuser, wo es an den exakt gleichen Platz in vier absolut identischen Kleiderschränken gehängt wurde. Egal, wo sie waren, immer wenn ein Familienmitglied seinen Kleiderschrank öffnete, war alles gleich.

Da ich selbst regelmäßig zwischen verschiedenen Orten hin und her pendle, war ich von dieser Schilderung fasziniert. Ein ordentliches Zuhause ist die Grundlage für einen geordneten Verstand. Ganz gleich, wie Ihre persönliche Situation ist, Sie sollten Ihr Leben unbedingt organisieren, damit Sie von der weltlichen Ebene Ihres Lebens unterstützt werden.

Sich Organisieren

Es gibt kaum einen komischeren Anblick als einen kurzsichtigen Menschen, der nach seiner Brille sucht! Nachdem Sie Ihren Krempel von den Tischen geräumt haben, ist sie natürlich leichter zu finden. Doch können Sie es sich wirklich einfacher machen, wenn Sie für Ihre Brille einen Platz bestimmen, wo Sie sie von nun an immer hinlegen. Das Gleiche sollten Sie mit Ihren Schlüsseln, Ihrem Portemonnaie, den Hausschuhen und den anderen Dingen tun, nach denen Sie ständig suchen.

Hier sind einige weitere Tipps, die Ihnen Ihr Leben erleichtern sollen.
- Bewahren Sie gleiche Dinge am selben Ort auf.
- Stellen Sie die Dinge in der Nähe des Ortes auf, an dem Sie sie benützen (deponieren Sie Ihre Vasen zum Beispiel dort, wo Sie auch die Blumensträuße zurecht machen).
- Die Dinge, die Sie am häufigsten brauchen, sollten immer in Reichweite sein.
- Wenn es einfach ist, die Dinge dort zu verstauen, wo sie hin-

gehören, werden Sie sie nicht herumliegen lassen und dadurch Unordnung schaffen.
- Beschriften Sie Schachteln, damit Sie wissen, was drin ist.
- Ordnen Sie die Kleider in Ihrem Kleiderschrank nach ihrer Farbe (sie schauen auf diese Weise auch attraktiver aus).

Einen Aktenschrank kaufen und benutzen

Wir leben im Informationszeitalter. Jeder braucht einen Ort, um seine privaten oder geschäftlichen Schriftstücke aufzubewahren. Am besten kauft man einen Aktenschrank. Manche modernen Aktenschränke schauen sogar richtig nett aus. Man kann zusammengehörende Schriftstücke in Aktenordnern aufbewahren und findet sie viel leichter, als wenn man sie zu einem Haufen aufstapelt. Schaffen Sie verschiedene Unterteilungen. Und wenn man nicht weiß, unter welchem Stichwort man ein bestimmtes Blatt ablegen soll, lässt man es nicht auf dem unsortierten Haufen, sondern erfindet ein neues, unter dem man es ablegt. Aktenordner, die auffällig dick werden, sollte man auf getrennte, kleinere Ordner verteilen oder einige veraltete Dokumente aussortieren. Ordner, die auf Dauer dünn bleiben, sind ebenfalls überflüssig oder können in größere integriert werden. Gehen Sie einmal im Jahr Ihren Aktenschrank durch und werfen Sie alles in den Papierkorb, was nicht mehr von Bedeutung ist.

Dinge lagern

Der eigentliche Sinn eines Lagerraums besteht darin, Dinge aufzubewahren, die vorübergehend nicht in Gebrauch sind. Ein gutes Beispiel hierfür ist der Weihnachtsschmuck, der nur einmal im Jahr gebraucht wird. Winterkleidung kann während der Sommermonate gelagert werden und umgekehrt. Dann gibt es Dinge, die nur alle paar Jahre benutzt werden. Achten Sie stets darauf, nicht zu viele Dinge zu lagern und sie nicht ewig ungebraucht liegen zu lassen. An diesem Punkt beginnt die Energie nämlich zu stagnieren.

Manche Dinge wie zum Beispiel Steuerbescheide müssen laut Gesetz für eine gewisse Zeit aufbewahrt werden. Erkundigen Sie sich nach den gesetzlichen Bestimmungen. Wenn die Aufbewahrungspflicht, sagen wir, sieben Jahre beträgt, legen Sie die Schriftstücke nach Steuerjahren ab. Wenn das neue Steuerjahr beginnt, können Sie die Bescheide, die ins achte Jahr gehen, in den Papierkorb wandern lassen. Die meisten Leute finden das ungeheuer befriedigend.

Die Unordnung eindämmen, bevor sie aufkommt

Sie können sich jede Menge Aufräumarbeiten ersparen, wenn Sie sich Folgendes angewöhnen:
- Überlegen Sie es sich zweimal, bevor Sie etwas kaufen. Entscheiden Sie vorher, wo Sie es aufbewahren und wofür Sie es gebrauchen wollen. Sollte die Antwort auf eine dieser Fragen vage sein, sind Sie gerade dabei, sich Krempel zuzulegen. Sehen Sie vom Kauf ab.
- Leeren Sie täglich Ihre Abfalleimer und Papierkörbe, entweder jeden Abend oder jeden Morgen, je nachdem, was Ihnen besser passt. Und überzeugen Sie sich, dass Sie eine ausreichende Anzahl davon haben, damit Sie jederzeit etwas wegwerfen können.
- Verbannen Sie die Wendung «fürs Erste» aus Ihrem Kopf und aus Ihrem Sprachgebrauch. Immer wenn Sie sagen, dass Sie etwas «fürs Erste» irgendwohin tun, heißt das, dass Sie erst später darauf zurückkommen und es an seinen richtigen Platz bringen werden. Machen Sie es sich besser zur Gewohnheit, die Dinge gleich an den richtigen Ort zu tun.

– Wenn Sie dazu neigen, Dinge zu horten, sollten Sie folgende Regel beachten: «Wenn etwas Neues reinkommt, muss etwas Altes raus.» Ihr Krempel wird sich auf diese Weise wenigstens verändern, auch wenn er noch nicht abnimmt!

Ziehen Sie professionelle Hilfe hinzu

In Amerika gibt es professionelle Organiser, die einem beim Organisieren helfen. Ich schreibe meine Bücher zwar, um den Menschen beizubringen, wie man sich selbst hilft. Doch vielleicht haben Sie so viel Krempel angesammelt, dass Sie wirklich professionelle Hilfe brauchen, um damit anzufangen und dabei zu bleiben. (Meine Internet-Adresse und die Telefonnummer meiner Büros finden sich am Ende des Buches.)

18
Wie man seinen Körper ausmistet

Wenn Sie Ihr Zuhause ausmisten, ist es nur folgerichtig, dass sie natürlich auch den Müll aus dem Tempel Ihres physischen Körpers entfernen wollen. Menschen, die auf der äußeren Ebene Krempel ansammeln, neigen auch auf der inneren Ebene dazu. Doch während der äußere Krempel den Lauf des Lebens erschweren kann, kann der innere noch größere gesundheits- oder sogar lebensgefährdende Konsequenzen nach sich ziehen.

Der menschliche Körper ist eine hoch komplizierte Maschine. Er nimmt Stoffe auf, zieht daraus, was er braucht, und scheidet den Rest durch die fünf wichtigsten Ausscheidungssysteme aus: Dickdarm, Nieren, Haut, Lungen und Lymphgefäße – und durch untergeordnete Systeme, wie Augen, Ohren, Nabel, Nägel, Haare und bei Frauen die Vagina. All diese Kanäle sind dazu entwickelt worden, um den Körper von unerwünschten Giften zu befreien.

Dickdarmreinigung

Am Ende des Aufräum-Kapitels meines ersten Buches fügte ich einen kurzen Abschnitt über Dickdarmreinigung an. Darin umriss ich in zwei Absätzen die Prinzipien der «Darmsanierung mit Kräutern». Hier möchte ich wegen der Wichtigkeit etwas ausführlicher auf dieses Thema eingehen.

Weshalb man seinen Dickdarm reinigen sollte

Die meisten Menschen im Westen wissen nicht einmal, dass sie ihren Dickdarm reinigen sollten. Sie halten ihre seelische und körperliche Befindlichkeit für normal. Dabei haben sie längst vergessen, wie sich «gesund» wirklich anfühlt. Ihre jahrelange Ernährung mit künstlich konservierten, gekochten, gefrorenen, bestrahlten, eingemachten und in Dosen verpackten Nahrungsmitteln hat wesentlich zu dieser Abstumpfung beigetragen. Bestattungsinstitute berichten, dass Leichen heutzutage kaum mehr einbalsamiert werden müssen – ohne es zu wissen, essen wir so viele Konservierungsmittel, dass unsere Körper nach unserem Tod länger brauchen, bis sie verwest sind!

Im menschlichen Unterleib sind etwa 6,5 Meter Dünndarm zusammengerollt, an die sich 1,5 Meter Dickdarm anschließen. Der Dünndarm ist ungefähr 3 bis 4 Zentimeter breit, der Dickdarm etwa 5 Zentimeter.

Auf dem ersten Bild ist ein gesunder Darm; das zweite Bild zeigt, was mit dem Darm der meisten Menschen geschieht, die sich auf westliche Weise ernähren. Diese Ernährungsweise wird mit Fug und Recht als eine der ungesündesten auf der ganzen Welt angesehen. Mit höchster Wahrscheinlichkeit sind die Därme der meisten Leser dieses Buches verdreht und von aufgestautem, stecken gebliebenem Kot überzogen. Das geht so gut wie jedem so, der westliche Nahrung zu sich nimmt. Wenn Sie einen dicken oder hervorstehenden Bauch haben, ist das ziemlich sicher der Fall.

Im Dickdarm bildet sich eine schleimige Schicht. Diese stammt teilweise von Rückständen Schleim bildender Nahrungsmittel, teils von natürlichen Schleimabsonderungen, die unser Körper im Darm ausscheidet, um sich vor Giften zu schützen. Der Schleim kann zwar von den Absonderungen der Bauchspeicheldrüse ausgewaschen werden, doch machen die

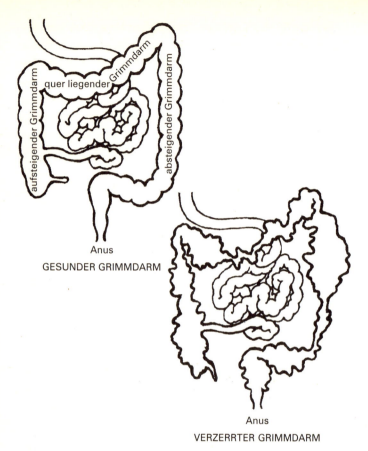

Gesunder und ungesunder Grimmdarm

Schleim bildenden Nahrungsmittel heutzutage einen so hohen Prozentsatz unserer Ernährung aus, dass die Bauchspeicheldrüse nicht mehr hinterherkommt. Entlang des Darmtraktes werden Schichten von Ablagerungen aufgebaut, verfestigen sich und verhärten schließlich. Unsere modernen Erziehungsmethoden tragen dazu bei, dass dies heutzutage schon in der Kindheit anfängt. NASA-Wissenschaftler haben im Darm von Erwachsenen sogar Spuren von Muttermilch entdeckt, was darauf schließen lässt, dass viele Leute während ihres ganzen Lebens verkrusteten Kot im Darm tragen.

Ein gesunder Dickdarm mit seinen gutartigen Bakterien wiegt bis zu 2,25 kg. Verkrustete Dickdärme wogen bei der Autopsie dagegen bis zu 18 kg. Manchmal befindet sich so viel verfaultes Material im Dickdarm, dass dieser sich in manchen Abschnitten von 5,5 cm Breite auf bis zu 22 oder gar 44 cm (bei besonders fettleibigen Menschen) ausdehnt. In der Mitte bleibt ein Kanal von der Dicke eines Bleistifts, durch den das auszuscheidende Material hindurch muss. Der Dickdarm wird auf Dauer übersäuert, was zu allerlei Gesundheitsproblemen führt, weil diese Gifte in unseren Blutkreislauf durchsickern und in alle Teile unseres Körpers gelangen.

Wenn Sie Fleisch, Geflügel, Fisch, Milchprodukte, Zucker, Konserven, Schokolade, Koffein, Limonade oder Alkohol konsumieren oder irgendwann einmal konsumiert haben, werden sich in Ihrem Dickdarm schleimige Ablagerungen gebildet haben, und Sie werden bestimmt von einer Darmreinigung profitieren. Selbst Vegetarier müssen sich gewöhnlich einer solchen Reinigung unterziehen, weil auch Sojaprodukte und Getreide (Sojabohnen sind die Schleim bildendsten Pflanzen überhaupt) zu schleimigen Ablagerungen führen. Alle traditionellen Kulturen, sowohl Fleisch essende als auch vegetarische, kennen Kräuter, die von Zeit zu Zeit genommen werden, um den Unterleibstrakt zu säubern.

So, wie jeder Teil Ihrer Wohnung zu einem Aspekt Ihres Lebens in Beziehung steht, so ist auch jeder Teil Ihres Dickdarms mit einem Teil Ihres Körpers verbunden. Daher vertreten viele Kräuterkundler die Auffassung, dass 90 Prozent aller Krankheiten durch Darmsanierung geheilt werden können. Auch ich halte sie zur Vorbeugung und Heilung für sehr vorteilhaft. Sie funktioniert, weil man dabei nicht nur seine innere Kanalisation reinigt, sondern weil während dieses Prozesses auch alle Arten von emotionalen Problemen an die Oberfläche kommen. Sie waren jahrelang verborgen und können nun abgelassen werden. Die eigentliche Heilung besteht demnach in der Lösung der emotionalen Probleme.

Essen und Ausscheiden

Essen und Ausscheiden ist der natürlichste Prozess der Welt. Doch haben die Menschen im Westen völlig den Bezug dazu verloren. Besonders beim Gedanken an ihre Exkremente fühlen sie sich angeekelt. Ich habe bemerkt, dass balinesische Babys viel früher sauber sind als westliche, und ich glaube, das hat damit zu tun, dass sie nicht fest in Windeln verpackt werden, wodurch sie viel schneller herausfinden, was geschieht.

Aus meinen Nachforschungen in diesem heiklen Themenbereich, über den man besser nicht spricht, habe ich den Schluss gezogen, dass die Sitztoilette eine der dämlichsten Erfindungen ist, die jemals im Westen gemacht wurden. Die hockende Haltung, die Millionen von Menschen im Osten beim Ausscheiden einnehmen, öffnet den Dickdarm und macht es ihnen viel leichter, ihren Stuhl zu entleeren. Ganz anders als im Westen, wo man auf der Toilette sitzt. (Es empfiehlt sich, beim Gebrauch einer westlichen Toilette aufrecht zu sitzen und beide Arme hoch über den Kopf zu heben – wie beim Hocken öffnet das den Darmtrakt.)

Vielleicht wird Ihnen das alles langsam zu viel. Ich habe Verständnis dafür, dass manche Leute diese Gesprächsthemen äußerst anstößig finden. Dennoch halte ich die Dickdarm-Reinigung für einen wesentlichen Punkt in der präventiven Medizin.

Wenn Ihr Dickdarm sauber ist, floriert Ihr gesamter Körper, und auch Ihr äußeres Leben kommt vorwärts. Sollte Ihr Dickdarm hingegen verstopft sein, so wird das alles beeinflussen, was Sie tun. Richard Anderson berichtet von einem aufschlussreichen Experiment, das Sie vielleicht überzeugen wird.

«Alexis Carrel vom Rockefeller Institute, Nobelpreisträger, war im Stande, Gewebezellen unbegrenzt am Leben zu erhalten, indem er ihnen Nahrung gab und ihre Gewebeausscheidungen abwusch. Die Zellen wuchsen und gediehen, solange die Ausscheidungen entfernt wurden. Unhygienische Bedingungen führten hingegen zu einer geringeren Vitalität, Verfall und Tod. Carrel hielt ein Hühnerherz für 29 Jahre am Leben, bis jemand versäumte, seine Ausscheidungen zu entfernen!»

Verstopfung und Durchfall

Die Grundregel lautet: «Neues Mahl rein, letztes Mahl raus.» Wenn man also nicht eine halbe Stunde nach Beendigung eines Essens das Bedürfnis verspürt, den Stuhl zu entleeren, ist man verstopft. Und Langzeitverstopfung ist deshalb ein so großes Problem, weil der Dickdarm voll von schädlichen Bakterien ist (womöglich auch Parasiten, die verfaulendes, vergärendes Material lieben), was dazu führt, dass er ständig gereizt ist.

Die folgenden Symptome sind ebenfalls Anzeichen von Dickdarm-Problemen: Geräusche im Unterleib, Magenschmerzen, übel riechende Winde, das Gefühl, dass selbst gesunde Nahrung einen nicht richtig satt macht (geringe Nahrungsabsorption), Mund- und Körpergeruch sowie Schweißfüße. Außerdem wird man das Gefühl haben, nicht ganz fit zu sein.

Wenn Sie immer noch am Zweifeln sind, empfehle ich Ihnen den Test mit den Sonnenblumenkernen. Sie nehmen eine

Hand voll Sonnenblumenkerne in den Mund, kauen sie so wenig wie möglich und schlucken sie dann herunter. Dann warten Sie, bis sie am anderen Ende wieder herauskommen. Wenn Ihre Verdauungszeit zehn Stunden beträgt, sind Sie gut in Form. Wenn es länger dauert, könnten Sie eine Darmreinigung gebrauchen, um die Verkrustungen zu lösen. Manche Menschen finden heraus, dass sie drei oder vier Tage warten müssen, bis sie die Sonnenblumenkerne wieder ausscheiden. Eine Frau schrieb mir, wie erfreut sie war, als ihr Mann und sie bemerkten, dass die Sonnenblumenkerne bereits nach zwölf Stunden herauskamen … und dann sahen sie, dass nach und nach immer neue Kerne kamen, und das drei Tage lang. Sie müssen also genau hinschauen!

Der ideale Stuhlgang

Hier sind einige Informationen, die man nur selten in Büchern findet. Folgendermaßen schaut ein idealer Stuhlgang aus, wenn man eine gründliche Dickdarmreinigung hinter sich hat.
– Er kommt leicht, geräuschlos und innerhalb von wenigen Sekunden heraus.
– Er kommt in ganzen Stücken heraus und schwimmt in der Kloschüssel (Schleim lässt ihn absinken).
– Er ist von hellbrauner Farbe.
– Er stinkt nicht stark.
– Er ist weich, zylindrisch und nicht kompakt.
– Er bricht leicht auseinander, wenn er heruntergespült wird.

Deshalb sage ich, dass Lesematerial auf der Toilette ein sicheres Zeichen von Verstopfung ist – wer auf dem Klo Zeit zum Lesen hat, ist nicht in Form!

Die Vorteile eines sauberen Dickdarms

Bisher habe ich die grässlichen Folgen eines verunreinigten Dickdarms dargestellt; hier sind nun die Vorzüge einer Reinigung. Die meisten Leute sind mit dem Ergebnis so zufrieden, dass sie es zu einem alljährlichen Ritual machen. Nach einer Darmreinigung können Sie erwarten,
– dass Sie sich besser fühlen und besser ausschauen (besserer Teint, weniger Mitesser, stärkere Nägel, glanzvolleres Haar);
– dass Sie heiterer sind und mehr Energie haben;
– dass Ihre Immunität gegen Krankheiten gestärkt ist;
– dass Sie mehr Nährstoffe aus Ihrem Essen ziehen;
– dass Ihnen im Leben mehr Liebe, Freude und Glück begegnen;
– dass Sie flexibler ans Leben herantreten;
– dass Sie glücklich sind, das Alte gehen lassen und das Neue willkommen heißen zu können;
– dass Ihr Sexualleben erfüllter ist (weil Sie nicht mehr ständig den inneren Druck eines überlasteten Dickdarms verspüren).

In ihrem Buch «Heile deinen Körper» nennt Louise Hay die metaphysische Ursache für Verdauungsprobleme: «die Angst, das Alte und nicht länger Nötige loszulassen». Sie empfiehlt die Affirmation: «Großzügig und mühelos lasse ich das Alte frei und heiße voller Freude das Neue willkommen.» Um diese Affirmation in der Praxis umzusetzen, sollten Sie in Zukunft zur Toilette gehen, sobald Sie das Bedürfnis dazu verspüren, anstatt so lange wie möglich zu warten. Auf diese Weise erziehen Sie sich wieder dazu, auf der körperlichen Ebene leicht und schnell loszulassen, anstatt so lange an Dingen festzuhalten, bis Sie zum Handeln gezwungen sind. Diese Einstellung wirkt sich auf alle Ebenen Ihres Lebens aus.

Die Reinigung des Dickdarms mit Kräutern
Die Dickdarmreinigung mit Kräutern erzielt beachtliche Ergebnisse, besonders in Verbindung mit einem regenerativen Ernährungsprogramm (schließlich hat es keinen Sinn, den Müll am einen Ende auszumisten, während man den gleichen Schrott auf der anderen Seite wieder in sich hineinschaufelt!).

Verwenden Sie niemals Abführmittel. Sie reizen und schwächen den Verdauungsapparat.

Es ist immer am besten, mit einem ausgebildeten Heilpraktiker zusammenzuarbeiten. Der Reinigungsprozess bringt unweigerlich emotionale Angelegenheiten hoch, bei deren Bewältigung Sie womöglich Unterstützung brauchen. Vielleicht brauchen Sie auch jemanden, der Sie beruhigt, wenn Ihr Körper plötzlich etwas ausscheidet, das die Farbe von Gummireifen hat! So hat ein Mann zu mir gesagt: «Es ist erschreckend, wenn man sieht, was da rauskommt, doch es ist sehr befriedigend zu sehen, dass es abgeht.»

Wer gerade stillt, schwanger, in fortgeschrittenem Alter, chronisch krank oder generell geschwächt ist, sollte unbedingt professionellen Rat einholen.

Parasiten beseitigen
Es ist ein moderner Mythos, dass Würmer oder Parasiten nur in den Ländern der Dritten Welt vorkommen. Auch im Westen wimmelt es nur so von ihnen, und die Dickdarmreinigung ist ein wichtiger Schritt, um sie aus seinem Körper zu vertreiben. Zur genaueren Information empfehle ich die Lektüre von Hulda Clarks Buch «Heilung ist möglich». Wenn Sie erfahren, wie oft eine schwache Gesundheit mit Parasiten zu tun hat, könnte das für Sie zur Offenbarung werden.

Fasten

Oft bin ich monatelang im Westen unterwegs. Ich gebe Workshops, esse in Restaurants, schlafe in Hotels und fliege viel. Wenn ich dann nach Bali zurückkomme, ist es das reinste Entzücken, die Zeit und den Raum für eine waschechte Saftkur zu haben. Nichts belebt einen so sehr und gibt einem mehr Antrieb als das Fasten mit reinen, ökologisch angebauten, frisch gepressten Früchten oder Gemüse und am allerbesten: mit reinem Wasser.

Und so wird es gemacht. Wenn man feste Nahrung zu sich nimmt, braucht der Körper viel Energie, um sie zu verdauen. Wenn man dagegen mit Säften fastet, machen sämtliche inneren Organe Urlaub. Dadurch steht die ganze überschüssige Energie zur Wiederherstellung und Wiederbelebung zur Verfügung. Ich glaube, ein kranker Mensch kann nichts Dümmeres tun, als weiter zu essen wie zuvor. Die Tiere wissen das. Sie essen nie, wenn sie krank sind.

Abgesehen von medizinischen Notfällen ist es immer am besten, vor dem Saftfasten den Dickdarm zu reinigen. Die meisten unangenehmen Begleiterscheinungen, unter denen man beim Fasten leidet, sind schlichtweg auf die Übersäuerung durch das verfaulende Material zurückzuführen, das sich im Dickdarm angestaut hat und nicht mehr vorwärts kommt. Wer sich davor fürchtet, beim Fasten Hunger zu bekommen, sollte am ersten oder zweiten Tag reichliche Mengen «Spirulina»-Pulver in seinen Saft rühren oder Spirulina in Form von Tabletten einnehmen (einige Dutzend täglich). Es ist das vollständigste bekannte Protein und eignet sich bestens dafür, den Stuhl geschmeidiger zu machen. Wenn man es nimmt, wird das unangenehme Hungergefühl bereits am Ende des zweiten Tages verschwinden.

Die höchste Form des Fastens ist das Wasserfasten. Auch hier sollte man am besten langsam darauf hinarbeiten, anstatt vom ersten Tag an nur Wasser zu trinken. Am besten verdünnt man den Saft nach und nach, bis man nur noch reines Wasser zu sich nimmt.

Es ist unerlässlich, vor dem Fasten professionelle Hilfe heranzuziehen und sich ausführlich in die Materie einzulesen. Man muss wissen, wie lange und auf welche Weise man fastet und insbesondere, auf welche Weise man mit dem Fasten aufhört. Wenn man zu schnell oder mit der falschen Nahrung das Fasten bricht, kann das ernste oder sogar fatale Folgen haben. Wenn man es hingegen richtig macht, ist es eine der anregendsten Erfahrungen, die man sich vorstellen kann. Es ist solch ein Genuss, seinen inneren Organen die Gelegenheit zum Rasten zu geben und gleichzeitig zu durchschauen, wie man seine Gefühle gewöhnlich mit dem Essen zudeckt. Sie werden ungeahnte Tiefen der Leidenschaft und Lebendigkeit in Ihrem Leben entdecken!

Die Nieren

Das Körpergewicht des Menschen besteht zu ungefähr 70 Prozent aus Wasser, und dennoch trinken viele Leute kaum mehr als zwei Gläser reines Wasser am Tag. Alle Zellen enthalten Wasser, das Blut besteht zu 90 Prozent aus Wasser, sogar die Knochen zu 22 Prozent. Sein Vorhandensein ist von grundlegender Bedeutung für alles Leben und für die Gesundheit, weil es Sauerstoff und andere Nährstoffe zu den Zellen bringt und Gifte abtransportiert.

Meine Botschaft lautet deshalb: Trinken Sie Wasser. Es ist das beste Getränk überhaupt. Wasser macht sauber und rein und bringt dadurch mehr Klarheit in unser Leben.

Am besten trinken Sie zwei Liter davon am Tag. Frisch gepresster Saft und Gemüse sind ebenfalls gut, zusätzlich zum Wasser. Tee, Kaffee, gesüßte Limonade und Alkohol sind dagegen zu meiden. Sie stellen eine enorme Belastung für den Körper dar, für Nieren, Leber, Bauchspeicheldrüse und Dickdarm. Sie setzen sich zwar zum größten Teil aus Wasser zusammen, doch sie wirken stark entwässernd!

Der simple gottgegebene Mechanismus des Durstes zeigt an, ob man genug Wasser trinkt oder nicht. Man sollte ihn nicht ignorieren. Wenn man durstig ist, sind die Zellen zu diesem Zeitpunkt bereits entwässert. Man kann auch die Farbe seines Urins überprüfen. Dunkelgelber Urin bedeutet, dass Sie Ihre Nieren schlecht behandeln; bei sehr hellgelbem oder fast farblosem Urin sind Sie gut mit Wasser versorgt.

Wann soll man Flüssigkeit aufnehmen? Am besten ist es, eine halbe Stunde vor dem Essen zu trinken und nach dem Essen anderthalb bis zwei Stunden zu warten. Andernfalls werden die Verdauungssäfte im Magen verdünnt, was eine schwere Störung auslöst (das Essen verdirbt, gärt und produziert Säure, was alle Körperfunktionen beeinträchtigt). Wer sein Essen richtig kaut, braucht kein Wasser, um es hinunterzuspülen.

Wenn Sie die Freuden der Dickdarmreinigung entdeckt haben, werden Sie sich ja vielleicht auch einmal im Jahr zu einer Nierenreinigung auf Kräuterbasis entschließen, um dieses lebenswichtige Wasser filternde Organ in Form zu halten.

Die Lungen

Tiefes Atmen ermöglicht es Ihren Lungen, ihre Arbeit zu tun und Gifte zu beseitigen. Die meisten westlichen Menschen unterventilieren und nehmen gerade genug Luft zum Überleben auf. All das hat mit einem schlechten Selbstwertgefühl zu tun: «Ich habe es nicht verdient», «Ich bin nicht gut genug» usw. Wenn Sie ängstlich sind, werden Ihre Schultern nach vorne hängen, weil Ihr Körper unbewusst Ihre Herzregion zu schützen versucht, und das wird Ihre Atmung noch weiter einschränken.

Sitzen Sie gerade. Fassen Sie sich ein Herz. Schließlich ist es Ihr gutes Recht, aus dem Vollen zu schöpfen. Mit jedem Ihrer Atemzüge sagen Sie «ja» zum Leben, «ja» zur Liebe, «ja» zu Freude, Glück und Fülle. Lernen Sie von den Naturvölkern oder von einem neugeborenen Baby im Westen und entdecken Sie, dass eine korrekte Atmung nicht flach ist und nur bis in den oberen Brustbereich geht, sondern tief aus dem Zwerchfell kommt und dabei die inneren Organe mit jedem Atemzug massiert. Atmen Sie durch die Nase, nie durch den Mund. Begrüßen Sie jeden neuen Tag, indem Sie tief durchatmen, Ihre Arme weit ausbreiten und Ihre Lungen bis zur äußersten Kapazität füllen. Bejahen Sie das Leben und blasen Sie die aufgestaute und abgestandene Luft vom Grund Ihrer Lungen hinaus. Vergessen Sie auch beim Essen das Atmen nicht, damit Ihre Nahrung mit Sauerstoff angereichert wird.

Weitere Möglichkeiten, den Lungen etwas Gutes zu tun, sind kraftvolle Dauerläufe, der Verzicht auf Schleim bildende Nahrungsmittel, welche die Lungen verstopfen, die Vermeidung von Schadstoffen und, natürlich, mit dem Rauchen aufzuhören, wenn Sie es nicht bereits getan haben. Wenn Ihnen das Gesagte nicht genug Anreiz zum Aufhören ist, sollten Sie mal ein Buch mit Bildern von Raucherlungen anschauen – es ist ein ziemlicher Schock!

Das Lymphsystem

Das Lymphsystem putzt das ganze tote Gewebe aus dem Körper. Das Blut wird vom Herz durch den Körper gepumpt, das Lymphsystem ist dagegen auf die Bewegung der Lungen und der Körpermuskulatur angewiesen. Deshalb ist es so wichtig, sich regelmäßig zu bewegen. Jede angenehme Art von sportlicher Betätigung, vom Laufen über das Schwimmen bis hin zum Trampolinspringen, ist bestens dafür geeignet, die Lymphe in

Bewegung zu halten. Auch die meisten Massagearten, wie das trockene Abbürsten der Haut, sind sehr nützlich (siehe im nächsten Abschnitt «Die Haut»).

Sie sollten sich auch überlegen, ob es nicht besser ist, auf enge Kleidung zu verzichten. Diese blockiert nämlich den Fluss der Lymphe durch den Körper. In ihrem Buch «Dressed to Kill» warnen Sydney Ross Singer und Soma Grismaijer vor den Gesundheitsgefahren, die daraus entstehen, wenn die Lymphe nicht strömt, und vor den Säureablagerungen, die durch das Tragen von BHs hervorgerufen werden, ganz zu schweigen von Auswirkungen enger Hosen auf die männlichen Geschlechtsteile.

Eine Untersuchung von 4700 US-amerikanischen Frauen zwischen 1991 und 1993 hat ergeben, dass BHs das Krebsrisiko erhöhen. Die Krebsgefahr für eine durchschnittliche amerikanische Frau, die ihren BH gewöhnlich mehr als 12 Stunden am Tag trägt, ist 19 Mal größer als bei einer Frau, die ihn weniger als 12 Stunden täglich anhat. Bei Frauen, die ihren BH immer tragen, ist die Krebsgefahr sogar 113 Mal größer. Man hat festgestellt, dass der Brustkrebs in den Ländern, wo die Frauen gerade begonnen haben, einen BH zu tragen, erst jetzt langsam bekannt wird.

Drahtgestützte BHs, besonders die sexy Push-up-Bra-Variante, schränken den Lymphfluss sogar noch stärker ein. Ich bin überzeugt, dass das Metall in diesen BHs außerdem als Antenne wirkt und das empfindliche Brustgewebe schädlichen elektromagnetischen Feldern von Computern und anderen elektronischen Geräten aussetzt. Auch das erhöht die Wahrscheinlichkeit von Brustkrebs. Frauen, die am Computer, an der Nähmaschine oder in anderen Jobs arbeiten, bei denen ihre Brüste sich in nächster Nähe zu den elektromagnetischen Feldern elektronischer Geräte befinden, sind am stärksten gefährdet und sollten unbedingt auf drahtverstärkte BHs verzichten.

Die Haut

Die Haut ist erstaunlich. Jeder Quadratzoll besteht aus ungefähr 19 Millionen Zellen, 600 Schweißdrüsen, 90 Fettdrüsen und 65 Härchen; sie wird von 19 000 Nervenzellen und 5,7 Meter kompliziert verwobener Blutbahnen versorgt und von Millionen von mikroskopisch kleinen Bakterien bevölkert.

Wenn sie ihre Kapazität ausschöpft, kann unsere Haut ein Drittel der Abfallprodukte unseres Körpers ausscheiden. In der Realität arbeitet die Haut jedoch meistens schlecht. Synthetische Toilettenartikel verstopfen die Poren, und Kunstfasern (Latex, Nylon, Polyester usw.) hemmen ihren natürlichen Reinigungsprozess. Besonders ungesund ist allerdings synthetische Unterwäsche, weil sie am engsten auf der Haut getragen wird. Es ist viel gesünder, natürliche Stoffe zu tragen – reine Baumwolle ist am besten, Leinen, Seide und Wolle sind ebenfalls gut – und vermeiden Sie es, sie mit scharfen Waschmitteln zu waschen. Deren Rückstände werden durch die Poren aufgenommen.

Um der Haut etwas Gutes zu tun, sollte man Sport treiben, in die Sauna oder ins türkische Bad gehen, um seine Gifte herauszuschwitzen. Wenn man sich täglich trocken abbürstet, werden tote Körperzellen entfernt, die Lymphe gereinigt, die Drüsen stimuliert und der vorzeitigen Alterung vorgebeugt. Der beste Zeitpunkt ist morgens vor dem Waschen. Man bürstet immer in Richtung des Herzens und benutzt eine Bürste mit Naturborsten, wie sie es in den meisten Reformhäusern gibt. Es fühlt sich phantastisch an!

19
Geistiges Gerümpel ausmisten

Wer materielles Gerümpel zu Hause angesammelt hat, hortet auch Gerümpel in seinem Geist. Im Folgenden wird erklärt, was man gegen die am meisten verbreiteten Formen von geistigem Krempel tun kann.

Damit aufhören, sich Sorgen zu machen
Ich habe einmal gehört, dass sich Sorgen machen wie ein Schaukelpferd ist – egal, wie schnell man schaukelt, man kommt nirgendwohin. Sich Sorgen zu machen, ist völlige Zeitverschwendung und erzeugt so viel Unordnung im Geist, dass man nicht klar denken kann.

Man kann es lernen, sich keine Sorgen mehr zu machen. Dazu muss man zuerst einmal begreifen, dass man Energie in alles steckt, worauf man seine Aufmerksamkeit konzentriert. Deshalb gehen umso mehr Dinge schief, je mehr Sorgen man sich macht! Die Gewohnheit, sich Sorgen zu machen, ist so fest verwurzelt, dass man sich bewusst umtrainieren muss. Wann immer Sie sich dabei ertappen, dass Sorgen hochkommen (bitten Sie Menschen, die Ihnen nahe stehen, darum, Sie darauf hinzuweisen, wenn es wieder losgeht), halten Sie inne und denken an etwas anderes. Richten Sie Ihren Geist produktiv auf das, was nach Ihrem Willen geschehen soll, anstatt auf das, was geschehen könnte. Richten Sie Ihren Blick auf das, was in Ihrem Leben bereits wundervoll ist. Dann werden Ihnen auch mehr wundervolle Dinge begegnen.

Stellen Sie gleich eine Liste von allen Dingen auf, über die Sie sich Sorgen machen. Auf diese Weise können Sie sie gleich erkennen, wenn sie das nächste Mal hochkommen, um mit Ihnen einen Ritt auf dem Schaukelpferd zu machen.

Mit dem Kritisieren und Urteilen aufhören

Kritisieren und Urteilen ist völlige Energieverschwendung, besonders wenn man begreift, dass alles, was man an anderen kritisiert und verurteilt, man an sich selbst nicht mag. Die vehementesten Kritiker sind die, die in ihrem Allerinnersten von sich denken, selbst nicht gut genug zu sein. Wenn man diese innere Unsicherheit transformiert, wird das Verlangen, andere zu erniedrigen, auf magische Weise dahinschmelzen.

Vergessen Sie nicht: Wir sehen immer nur einen Ausschnitt der Wirklichkeit im großen kosmischen Gesamtzusammenhang. Deshalb befinden wir uns nie in der Position, irgendwen oder irgendwas verurteilen zu können. Ein heruntergekommener Saufbruder auf der Straße kann die freundlichste, liebenswerteste Seele sein, die einem jemals über den Weg gelaufen ist; doch wenn man ihn einfach nach seinem Äußeren beurteilt oder sein Verhalten von einem hohen moralischen Podest herab betrachtet, wird einem diese Qualität völlig entgehen.

Verseuchen Sie Ihren Geist nicht mit diesen sinnlosen Giftpfeilen. Segnen Sie lieber die Menschen, die Ihnen begegnen, und lassen Sie sich davon überraschen, wie sie sich Ihnen im Gegenzug von ihrer besten Seite zeigen.

Mit dem Tratschen aufhören

Wenn Sie sich ständig durch Ihr Getratsche über andere aus der Ruhe bringen, verschmutzen Sie Ihre Seele und zeigen nur, wie wenig Bedeutendes in Ihrem eigenen Leben geschieht. Leben und leben lassen, heißt die Devise. Lassen Sie sich nicht in irgendwelchen Klatsch und in Skandalgeschichten verwickeln und hören Sie auch nicht darauf. Es ist ein Zeichen von Integrität, niemals etwas über jemanden zu sagen, das man ihm nicht auch ins Gesicht sagen würde.

Mit dem Stöhnen und Klagen aufhören

Wenn Sie ständig über das stöhnen, klagen und schimpfen, was in Ihrem Leben geschieht, beeinträchtigt das Ihre Gespräche und Ihre Gedanken so sehr, dass niemand mehr in Ihrer Nähe sein will. Richten Sie Ihre Aufmerksamkeit auf die Dinge, für die Sie dankbar sind, und die Götter werden Sie mit guten Sachen unterstützen. Wenn Sie weiterhin so jammern und stöhnen, werden Sie irgendwann alleine sein.

Schluss mit dem mentalen Geplapper

Psychologen schätzen, dass ein Durchschnittsmensch täglich 60 000 Gedanken hat. Bedauerlicherweise sind 95 Prozent dieser Gedanken exakt dieselben wie am Tag zuvor. Und die sind wiederum mit denen von vorgestern identisch usf. Kurz gesagt, der Großteil unserer geistigen Tätigkeit ist unproduktiv, ein sich ständig wiederholendes Geschnatter, das nirgends hinführt.

Ein weiteres Problem ist die ständige Berieselung mit äußeren Stimulationen, die im westlichen Lebensstil so vorherrschend ist. Sehr viele Leute haben ständig den Fernseher oder das Radio «zur Gesellschaft» eingeschaltet oder verbringen ihre Zeit damit, Schundromane zu lesen oder ziellos im Netz herumzusurfen usw. Und dann sind sie plötzlich alt und krank und erkennen, dass sie nichts aus ihrem Leben gemacht haben. Ihre ganzen Gedanken stammen von anderen Leuten, und sie haben keine Ahnung, wer sie wirklich sind oder was der Sinn ihres Lebens sein könnte.

Wann hatten Sie zum letzten Mal einen authentisch neuen,

vollkommen originellen Gedanken? Es ist eine traurige Tatsache, dass viele Menschen Tag für Tag immer im selben Trott leben und ihren Geist mit dem weltlichen Gerümpel eines allzu alltäglichen Daseins füllen.

Sie sollten es zu Ihrem Hauptziel machen, Klarheit in Ihr Leben zu bringen, und sich jeden Tag genau auf diese Klarheit einstimmen. Schaffen Sie den Raum für eine bestimmte Meditationsform, die Ihnen Spaß macht, oder einfach nur für Ihre eigenen fünf Minuten, eine Zeit, die Sie in seliger Gelassenheit verbringen und wo Sie nirgends sein und nichts tun müssen. Das innere Geplapper beruhigt sich und Sie können sich der höheren Weisheit und Führung öffnen und sich eine umfassendere Form von Kreativität erschließen.

Unerledigtes erledigen

Gewöhnen Sie es sich an, unerledigte Angelegenheiten zum Abschluss zu bringen. Angenommen, Sie sprechen mit Freunden, und die haben eine wichtige Telefonnummer und wollen sie Ihnen geben. Sie haben sie zwar dabei, doch bieten sie Ihnen an, Sie morgen anzurufen und Ihnen die Nummer zu nennen. Es ist erstaunlich, wie oft die Leute etwas auf morgen verschieben, das sie ganz einfach heute erledigen könnten. Dabei kostet es doch unnötig Energie, wenn man sich an unerledigte Angelegenheiten erinnern muss. Lassen Sie sich die Telefonnummer hier und jetzt geben und Sie haben eine Sache weniger in Ihrem Leben zu erledigen!

Sie sollten auch andere offene Angelegenheiten erledigen: das Geld zurückzahlen, das Sie jemandem schulden, Dinge zurückgeben, die Sie geliehen haben, eine Besorgung machen, die Sie jemandem versprochen haben – einfach alles, was Ihnen keine Ruhe lässt, weil es noch getan werden muss. Jedes unerfüllte Versprechen nimmt einen Teil Ihrer Energie in Anspruch und plagt sie damit, es endlich zu tun. Wenn Sie wissen, dass Sie Ihr Versprechen nicht halten können, ist es viel besser, mit demjenigen darüber zu sprechen, als die Sache einfach schleifen zu lassen.

Hier ist eine interessante Lebenserfahrung, die ich persönlich gemacht habe, nachdem ich das Wort «sollte» aus meinem Vokabular gestrichen habe. Nehmen wir einmal an, ich habe einem Freund versprochen, mit ihm am Donnerstag einen Film anzuschauen, den wir beide sehen wollen. Als der Donnerstag heranrückt, habe ich immer weniger Lust, am Abend auszugehen. Nun habe ich zwei Möglichkeiten: Ich kann mein Versprechen halten und hingehen, weil ich gesagt habe, dass ich es tun würde und es deshalb tun muss, oder ich kann meinem Freund anrufen und die Sache absagen oder verschieben. In 90 Prozent der Fälle, in denen ich die Verabredung absagte oder verschob, habe ich bemerkt, dass die andere Person genau das gleiche tun wollte. Sie traute sich nur nicht, es mir zu sagen, weil sie mich nicht im Stich lassen wollte. Deswegen passt es uns beiden. In den übrigen zehn Prozent der Fälle regen sich die Leute ein wenig auf oder sind verärgert. Doch wenn sie ehrlich mit sich selbst sind, bin gewöhnlich nicht ich es, der sie aufgebracht hat. Das Problem liegt in ihrer eigenen Unflexibilität oder darin, dass ich in ihnen die Erinnerung an etwas wachgerufen habe, was sie viel mehr geärgert hat (zum Verständnis des Ärgers siehe auch nächstes Kapitel).

Kommunikationsprobleme klären

Mit wem haben Sie noch etwas zu klären? Denken Sie einen Augenblick nach. Stellen Sie sich vor, Sie wären inmitten einer Gesellschaft. Fällt Ihnen jemand in Ihrem Umfeld ein, der in Ihnen unmittelbar ein Gefühl des Unbehagens hervorrufen würde, wenn er zur Türe hereinkäme, der Ihnen das Gefühl geben würde, dass der Raum nicht groß genug ist für Sie beide, weil es

Spannungen zwischen Ihnen gibt? Sie mögen sich nicht bewusst an diese Menschen erinnern, Sie werden sogar aktiv versuchen, sie aus Ihrem Bewusstsein zu verdrängen, doch Ihr Unterbewusstsein hat sie auf dem Zettel. Deshalb kosten Sie ungelöste Kommunikationsprobleme ständig Energie.

Wenn Sie mit jemandem zusammen im gleichen Raum oder Bett schlafen, sollten Sie besonders darauf achten, dass die Kommunikationsprobleme zwischen Ihnen gelöst sind; sonst werden Sie während der ganzen Nacht psychische Kämpfe miteinander ausfechten und mit dem Gefühl aufwachen, sich mal wieder so richtig ausschlafen zu wollen.

Den Schriftverkehr erledigen

Gibt es Briefe, die Sie immer schreiben wollen, es aber niemals schaffen? Jedes Mal, wenn Sie daran denken und es nicht tun, sinkt Ihr Lebensenergielevel. Je länger Sie es hinausschieben, umso schwieriger wird es, den Brief zu schreiben. Wenn Sie sich einfach hinsetzen und schreiben, werden Sie enorme Mengen an Energie für andere Dinge freisetzen. Noch besser ist es, auf e-Mail umzusteigen. Das geht bedeutend schneller und direkter, weshalb man auch viel leichter auf dem Laufenden bleibt.

Seinen Terminkalender in Ordnung bringen

Haben Sie das Gefühl, nie genug Zeit für all die Dinge zu haben, die Sie tun wollen? Finden Sie heraus, was Sie wirklich gerne tun würden, und setzen Sie sie in Ihrem Terminkalender an vorderste Stelle. Erlauben Sie Ihrem mentalen Arbeitgeber nicht, Ihr Leben zu dominieren. Dies sind die Freuden, durch die Ihr Geist gedeiht, und wenn Sie immer nur arbeiten, arbeiten und noch mal arbeiten, ohne jemals Zeit für sich selbst zu haben, oder immer nur nach anderen Leuten schauen, ohne Zeit zu haben, sich selbst zu nähren, wird Ihr Geist bald austrocknen und sterben. Die ersten Anzeichen dafür sind chronische Müdigkeit und ein verschlechterter Gesundheitszustand.

Deshalb sollte man sich selbst im Terminkalender an vorderste Stelle setzen und alles andere danach ausrichten. Vor Jahren habe ich damit begonnen, einen Tag der Woche in meinem Terminkalender für mich selbst zu reservieren. Inzwischen sind sechs Monate im Jahr daraus geworden. Meine Zeit in Bali hat oberste Priorität im Terminkalender, und alles andere muss sich daran orientieren.

Den Geist entrümpeln, um entspannt zu schlafen

Wenn Sie ein geschäftiges Leben führen und viel zu erledigen haben, werden Sie es vielleicht schwierig finden, abzuschalten und zu entspannen. Besonders beim Schlafen werden Sie vermutlich bemerken, dass Ihr Geist immer noch aktiv ist. Hier ist ein guter Tipp. Legen Sie an Ihrem Bett ein Notizbuch und einen Stift bereit und kritzeln Sie kurz vor dem Schlafengehen alles hin, was Sie noch tun und woran Sie sich erinnern müssen. Dann vergessen Sie es einfach und gehen schlafen. Wenn Sie nachts aufwachen und noch mehr Dinge in Ihrem Kopf haben, öffnen Sie einfach ein Auge, kritzeln sie hin und schlafen weiter. Am Anfang brauchen Sie vielleicht eine kleine Taschenlampe am Bett; mit etwas Übung können Sie es aber lernen, im Dunkeln mit geschlossenen Augen zu schreiben.

Je beschäftigter man ist, umso wichtiger ist es, sich völlig zu entspannen und sich eine Auszeit zu nehmen, um sich während der Nachtstunden auszuruhen und zu regenerieren. Wenn man das einmal gemeistert hat, kann man seinen Schlaf sogar noch kreativer nutzen. Die Schlafenszeit wird zu einer Gelegenheit, um mit dem höheren Selbst in Verbindung zu treten und Führung zu empfangen, anstatt sich von Problemen und Ängsten aufwühlen zu lassen (lesen Sie Sanaya Romans «Zum höheren Selbst erwachen»). Sie können die subtilen Botschaften aus den höheren Ebenen Ihres Geistes nur empfangen, wenn Sie nicht ständig von Problemen blockiert sind. Doch wenn Ihnen das gelingt, werden Sie erholsam und friedlich schlafen *und* mit Antworten aufwachen!

Auf dem Laufenden bleiben
Wenn in Ihrem Leben alles auf dem Laufenden ist, leben Sie in der Gegenwart und machen die reale Erfahrung, auf der Energiewelle des Lebens zu reiten. Unternehmen Sie, was immer nötig ist, um auf den neuesten Stand zu kommen, und schauen Sie zu, dass es dann auch so bleibt. Sie werden mehr Energie haben, als Sie jemals für möglich gehalten hätten. Kinder sind so. Sie leben im Augenblick und sind bekanntlich vital ohne Ende!

20
Emotionales Gerümpel ausmisten

Manche Leute tragen eine Art emotionales Gepäck mit sich herum. Es lässt einen früher altern (ich selbst schaute zehn Jahre jünger aus, nachdem ich ein Jahr intensiv damit verbracht hatte, mein eigenes emotionales Gepäck loszuwerden) und ist einem bei allem im Weg, was man tun will.

Ärger

Immer wenn Sie sich wirklich über etwas ärgern, ist das der geeignete Augenblick, um auszumisten. Machen Sie sich gar nicht erst die Mühe, sich zusammenzureißen, bevor Sie anfangen. Gehen Sie einfach mit herunterlaufenden Tränen zum Schrank, schreien dabei herum, wenn nötig, und ziehen Sie alles heraus, um es dann zu sortieren. Sie werden überrascht sein, wie leicht es ist, in dieser Verfassung Ordnung zu schaffen. Es scheint fast von selbst zu gehen. Sie schauen Sachen an, die Sie jahrelang gehortet haben, und sie erscheinen Ihnen so unwichtig und unübersehbar veraltet, dass Sie letztlich keine Gefühlsregung verspüren, wenn Sie sie in den Abfall werfen. Sie werden auch überrascht sein, wie sehr Ihnen das Aussortieren des Krempels dabei hilft, sich zu beruhigen, und das, was Sie so aufgebracht hat, in einer neuen Perspektive zu sehen. Der Akt des Loslassens von altem Plunder ermöglicht es einem gleichzeitig, seine blockierten Gefühle loszulassen.

Jede ärgerliche Aufregung ist eine Anregung. Das heißt, dass alles, worüber sich jemand auf der niederen Gefühlsebene aufregt, eine Situation darstellt, die sein höheres Selbst angeregt hat, um seine Aufmerksamkeit auf etwas zu richten, das geändert werden muss.

Ein Lehrer, bei dem ich eine Weile studiert habe, sagte zu sich ärgernden Leuten immer: «Wird es dich in zehn Jahren noch aufregen?» Auf diese Weise betrachtet man die Angelegenheit vom Standpunkt seines künftigen Selbst aus und sieht sie im Rückblick – die Antwort lautet beinahe immer «nein».

Dieselbe Frage kann man sich stellen, wenn man etwas aussortiert: «Werde ich es in zehn Jahren noch gebrauchen können?» Bei den meisten Dingen, an die man sich lange Zeit geklammert hat, lautet die Antwort so gut wie immer «nein».

Groll

Die womöglich schlimmste Form emotionalen Krempels hat ihren Ursprung im Groll. Schauen Sie tief in sich hinein, um zu sehen, wem oder was Sie etwas vergeben müssen. Caroline Myss, die Autorin von «Chakren – die sieben Zentren von Kraft und Heilung» und «Mut zur Heilung», sagt, dass Krankheiten ihren Ursprung darin haben, dass man das Gefühl, ungerecht behandelt worden zu sein, nicht loslassen kann. Wenn das auf Sie zutrifft, werden Sie es wissen, weil Sie sich gewöhnlich mehrmals täglich daran erinnern. Wahrscheinlich ist es für Sie schon so selbstverständlich geworden, dass Sie es überhaupt nicht mehr wahrnehmen. Entscheiden Sie sich dafür, zu vergeben und lassen Sie los.

Manchmal kommt es vor, dass Leute sich so sehr in ihrem Groll verrannt haben, dass sie sich sogar weigern, miteinander zu sprechen. Ich habe bei Familien und verheirateten Paaren erlebt, dass dieses andauernde Schweigen für Tage, Wochen, Monate, Jahre und sogar Jahrzehnte aufrecht erhalten wurde. Manche gehen mit diesen aufgestauten Gefühlen sogar ins Grab, und es ist ziemlich sicher, dass sie die Todesursache waren.

Diese festgehaltenen Gefühle können manchmal sogar zu Streitereien zwischen ganzen Familien, Gruppen oder Nationen eskalieren, was sich wie ein Krebsgeschwür in die emotionale Struktur der Gesellschaft hineinfrisst. Man versucht, die Situation so lange mit physischer Gewalt zu lösen, bis einer der Beteiligten in die Knie gesunken ist oder eine dritte und stärkere Macht eingreift, um beide zur Vernunft zu bringen (was «diplomatische Intervention» genannt wird). Insofern kann Diplomatie als das Harmonisieren angestauter emotionaler Energie definiert werden.

Wenn Sie zu der Art von Menschen gehören, die ihren Groll schweigsam und schmollend ausleben, sollten Sie eines wissen: Sie erreichen damit zwar Ihr Ziel, der anderen Person wehzutun, doch wird es Ihnen selber noch viel mehr schaden. Machen Sie einen Kurs über zwischenmenschliche Beziehungen und lernen Sie, besser mit Problemen zurecht zu kommen. Vergeben und vergessen Sie. Lassen Sie Ihren Groll hinter sich und stürzen Sie sich ins Leben.

Schlechte Freunde ausmisten!

Kennen Sie Leute, die Sie anstrengen, wenn Sie mit ihnen sprechen, und die Ihnen die Kraft rauben, wenn Sie mit ihnen zusammen sind? Stöhnen Sie auf, wenn Sie hören, dass So-und-so am Telefon ist, um mit Ihnen zu sprechen? Ich rede nicht von guten Freunden, die gerade eine schlechte Phase durchleben oder eine schlechte Woche haben! Ich spreche über negative Leute, die ernsthaft ihr «Haltbarkeitsdatum» überschritten haben. Sie hätten sie am liebsten los, hatten bisher aber noch nicht den Mut oder die Gelegenheit, etwas zu unternehmen.

Ich habe die faszinierende Entdeckung gemacht, dass fast jeder Mensch einige dieser ungewollten «Freunde» hat. Neulich war ich bei einer Einladung und hörte die Geschichte von einem solchen «Hausgast aus der Hölle». Jahr für Jahr erschien die Frau, ohne eingeladen zu sein, und drängte sich diesen Leuten auf. Aus unerfindlichen Gründen fühlten sie sich aber außer Stande, ihr zu sagen, wie unwillkommen sie eigentlich war. Deshalb mussten sie alljährlich ihr schreckliches Essen und ihr anmaßendes Benehmen ertragen, um sich danach jedes Mal bei all ihren Bekannten darüber zu beklagen.

Nehmen Sie sich einmal eine Minute Zeit, um eine Liste der Leute aufzustellen, mit denen Sie wirklich nicht mehr verkehren wollen. Ich werde eine Pause machen, während Sie das tun.

Nun kommt der interessante Punkt: Wenn Sie solch eine Liste haben, und jeder hat eine solche Liste, dann stellt sich die Frage: AUF WESSEN LISTE STEHEN SIE? Das gibt einiges zu denken, nicht wahr? Wäre es nicht am besten, wenn Sie beide ehrlich damit umgehen und mit diesen albernen Spielchen aufhören würden?

Es gibt Milliarden von Menschen auf der Welt, und Sie können frei wählen, mit wem Sie näher zu tun haben wollen. Wählen Sie verwandte Geister aus, die Sie erheben und inspirieren. Es ist wundervoll, seine alten schlechten Freunde auszusortieren, denn es schafft den Raum dafür, wundervolle, lebendige und neue Beziehungen aufzubauen. Das setzt natürlich voraus, dass man sich vorher gründlich überlegt hat, was man vom Leben will und was nicht. Schließlich wird man jedenfalls keine Widerlinge, Energievampire und ernsthaft negative Individuen mehr anziehen, weil das eigene Energiefeld nicht mehr mit dem ihren kompatibel ist – sie wissen, dass die Chancen, sich bei einem mal eben mit Energie voll tanken zu können, gleich null sind; und so versuchen sie es nicht einmal mehr.

Beziehungen hinter sich lassen

Manchmal erkennt man, dass nicht ein Bekannter zu einer Altlast geworden ist, sondern auch die Person, von der man dachte, dass sie einem am nächsten stünde. Das kommt daher, dass man sich auseinander gelebt und verschiedene Wege eingeschlagen hat oder von Anfang an nicht zusammengepasst hat. Die Wahrheit ist, jeder ist zu einer Altlast im Leben des jeweils anderen geworden, auch wenn das manchmal nur einer von beiden rechtzeitig einsehen kann.

In einem solchen Fall haben Sie zwei Möglichkeiten: Sie können nichts tun und warten, bis die Beziehung sich von selbst auflöst oder zerbricht; Sie können aber auch den Mut zum Handeln aufbringen und die Situation entweder ändern oder verlassen. Wenn Sie einander immer noch lieben, Respekt voreinander haben und sich gegenseitig gut tun, sind die Chancen groß, dass Sie einen Weg finden, Ihre Beziehung fortzuführen, auch wenn sich ihre Form ändern muss. Sie sollten einander jede Chance zum Erfolg einräumen. Wenn es für Sie jedoch an der Zeit ist weiterzugehen, werden Sie es im Grunde Ihres Herzens wissen.

In vielen Fällen ist es tatsächlich Zeit weiterzuziehen, und Sie tun sich selbst und Ihrem Partner keinen großen Dienst, wenn Sie die Qual unnötig verlängern. So beängstigend es sein mag, eine Beziehung zu beenden – wenn es das Richtige für Sie ist, werden Sie in dieser zitternden Angst eine andere zitternde Energie entdecken: Es ist die Aufregung Ihres Geistes, der in Anbetracht der neuen Möglichkeiten, die sich gerade in Ihrem Leben öffnen, erzittert.

Folgen Sie Ihrem Instinkt.

Emotionale Schutzschilde aufgeben
Wenn Ihre Wohnung völlig zugestellt ist, werden Sie vielleicht auch den Drang verspüren, jede Menge Schmuck zu tragen. Womöglich so viel, dass Sie das Gefühl haben, halb nackt zu sein, wenn Sie mal ohne ausgehen. Wie der Krempel im Haus, so sind auch Juwelen, die auf diese Weise getragen werden, eine Art emotionaler Schutzschild. Nachdem Sie Ihr Zuhause ausgemistet haben, werden Sie die natürliche Neigung verspüren, den Berg abzutragen, den Sie mit sich herumschleppen. Denn jetzt fühlen Sie sich selbstsicherer, und Sie können Ihr wahres «Ich» durchscheinen lassen.

21
Spirituelles Gerümpel ausmisten

Eigentlich hat das ganze Buch von nichts anderem gehandelt. Es geht um den Prozess, das ganze Gerümpel wegzuräumen, das unseren Blick trübt, uns verwirrt oder fehlleitet und uns auf unserem Pfad behindert. Jeder von uns hat eine Aufgabe im Leben, und ich glaube daran, dass wir in bewusster Kenntnis dieser Aufgabe inkarnieren und mit der Intention auf die Welt kommen, sie zu erfüllen. Einmal inkarniert, wird es dann immer schwieriger, dieses Bewusstseinsniveau zu halten, und langsam entgleitet uns dieses Wissen. Das Ausmisten von Gerümpel in jeder Form erlaubt es unserem wahren Lebenssinn, an die Oberfläche zu kommen und in unser Leben zu scheinen. Das Ergebnis ist eine ungeheure Klarheit und ein profundes Wissen darüber, was zu tun ist.

Der höhere Sinn des Ausmistens besteht also darin, den Schutt wegzuräumen, der uns von unserer Verbindung zu unserem höheren Selbst und zu Gott abhält.

Wir leben in einer besonderen Zeit

Wir haben das Glück, in einer Zeit zu leben, die von der Mehrzahl der spirituellen Lehrer als die wichtigste Zeit der menschlichen Evolution und in der Geschichte unseres Planeten angesehen wird. Früher wurde das geheime Wissen nur von einigen wenigen bewahrt. Sind Sie sich überhaupt darüber im Klaren, dass Sie heute einen Wochenend-Workshop besuchen und sich ein Grundwissen aneignen können, für dessen Erlangung Sie vor Jahrhunderten Jahre hingebungsvoller Lehrzeit bei einem Meister gebraucht hätten?

Daher ist es völlig kontraproduktiv, sich an Dinge zu klammern, die uns in der Vergangenheit festhalten. Wenn Sie daran denken, wie viele Male Sie sich vermutlich schon inkarniert haben, um heute hier zu sein, brennt Ihr unsterblicher Geist bestimmt darauf, im gegenwärtigen Moment zu leben, fähig und bereit, daran aktiv teilzunehmen, was sich heute ereignet.

Sich zu sich selbst zurückrufen

In Bali gibt es eine besondere Zeremonie, die als «der Rückruf» bekannt ist. Darunter hat man Folgendes zu verstehen: Im Laufe des Lebens können Teile eines Menschen brechen und abfallen. Wenn das in zu großem Ausmaß oder im Falle eines plötzlichen, traumatischen Ereignisses zu schnell geschieht, kann es den Geist dieses Menschen so sehr schwächen, dass manchmal sogar sein Leben in Gefahr ist. Nehmen wir einmal an, jemand wurde bei einem Verkehrsunfall verletzt. In Bali ist es ein lebensnotwendiger Bestandteil des Heilungsprozesses, dass dieser Mensch mit einem Priester an den Ort des Geschehens zurückgeht, um den Platz zeremoniell zu reinigen und den Teil seines Geistes, den er dort zurückgelassen hat, zu sich zurückzurufen.

Wenn Sie das Gerümpel aus Ihrem Leben entfernen, wird ein ähnlicher Rückruf-Prozess in Gang gesetzt. Indem Sie die Dinge loslassen, die Sie nicht länger lieben oder brauchen, rufen Sie die Teile Ihres Geistes zu sich zurück, die an ihnen hafteten. Das können zum Beispiel emotionale Bedürfnisse und Erinnerungen sein, die Sie mit diesem Gegenstand verbinden. Indem Sie das tun, versetzen Sie sich mit aller Kraft in die gegenwärtige Zeit. Anstatt sich in tausend verschiedene, unproduktive Richtungen zu zerstreuen, wird Ihre Energie stärker zentrieren und konzentrieren. Sie haben das Gefühl, Ihrer spirituellen Ganzheit näher zu kommen und mehr im Frieden mit sich selbst zu leben. All das kommt nur vom Ausmisten Ihres Gerümpels? Erstaunlich oder nicht?

Die Dinge loslassen und Gott zulassen

Um dieses Buch zu vervollständigen, möchte ich noch eine wunderbare Affirmation mit Ihnen teilen, die ich in meinem eigenen Leben mit großer Wirkung gebraucht habe. Sie lautet:

**Indem ich dem höheren Pfad folge,
wird für all meine Bedürfnisse gesorgt.**

Wenn Sie vollkommen darauf vertrauen, dass für all Ihre Bedürfnisse gesorgt wird, dann wird es auch ganz und gar so sein. Wenn Sie diese Affirmation in jede Zelle Ihres Körpers eindringen lassen, werden Sie nie wieder Gerümpel ansammeln.

ANHANG
Die 21 Stufen des grundlegenden Space Clearing

Wichtige Hinweise
- Ein vollständiges Space Clearing erfordert ein viel genaueres Wissen von den einzelnen Schritten, als in diesem Buch vermittelt werden kann. Trotzdem kann das Folgende eine Vorstellung davon geben, was mit meinen Hinweisen zum Space Clearing gemeint ist.
- Diese Techniken sind nur für den persönlichen Gebrauch bestimmt. Die Schulung zum Space Clearing auf professioneller Basis ist genauso kompliziert und anspruchsvoll wie andere Zweige der Feng Shui-Praxis und geht weit über das hinaus, was hier erklärt wird.

Vorbereitung
1. Vollziehen Sie kein Space Clearing, wenn Sie irgendwelche Ängste oder Beklemmungen verspüren. Diese Techniken sind völlig sicher, aber für den alltäglichen Gebrauch bestimmt und nicht für exorzistische Zwecke – Sie sollten das ausgebildeten Fachleuten überlassen.
2. Holen Sie sich erst die Erlaubnis ein, bevor Sie im persönlichen Raum eines anderen ein Space Clearing durchführen.
3. Machen Sie das Space Clearing nur, wenn Sie sich körperlich fit und gesund, emotional ausgeglichen und geistig konzentriert fühlen.
4. Am besten machen Sie kein Space Clearing, wenn Sie schwanger sind, Ihre Tage oder eine offene Fleischwunde haben.
5. Nehmen Sie sich die Zeit, sich darüber klar zu werden, was

in Ihrem Leben geschehen soll. Wenn Sie mit anderen im gleichen Raum leben, ist es am besten, auch sie mit einzubeziehen.

6. Um die besten Ergebnisse zu erzielen, putzen Sie den Raum am besten auch auf der physischen Ebene: räumen Sie auf, wischen, kehren oder saugen Sie ihn durch und misten Sie erst den Krempel aus.
7. Nehmen Sie ein Bad oder eine Dusche oder waschen Sie zumindest Gesicht und Hände.
8. Verstauen Sie Speisen und Getränke in Schränken oder abgeschlossenen Behältern.
9. Legen Sie Schmuck und andere metallische Gegenstände ab. Wenn möglich, arbeiten Sie barfuß.
10. Arbeiten Sie alleine, es sei denn, die anderen Leute verstehen, was Sie da tun.
11. Arbeiten Sie in Stille, ohne Hintergrundmusik. Schalten Sie alle Ventilatoren oder alle anderen verzichtbaren Maschinen aus, die ständig dröhnen.
12. Öffnen Sie eine Türe oder ein Fenster.
13. Finden Sie einen passenden Energiepunkt und bauen Sie dort Ihre Space Clearing-Utensilien auf (siehe Kap. 17).
14. Krempeln Sie Ihre Ärmel hoch und sensibilisieren Sie Ihre Hände.

Die wesentlichen Reinigungs-Prozeduren

15. Nehmen Sie sich Zeit, um sich auf den Raum einzustimmen. Stellen Sie sich vor und strahlen Sie Ihre Absicht nach allen Seiten hin aus.
16. Erfühlen Sie die Energie, indem Sie beim Haupteingang anfangen und den Innenraum rund herum abschreiten. Gebrauchen Sie neben Ihren Händen auch alle anderen Sinne.
17. Zünden Sie Kerzen und Räucherstäbchen an, versprengen

Sie Weihwasser und reichen Sie dem Schutzgeist des Hauses und den Geistern der Erde, der Luft, des Feuers und des Wassers Blumen und Gebete dar.
18. Klatschen Sie in den Ecken, um statische Energie zu zerstreuen. Waschen Sie Ihre Hände im Anschluss unter fließendem Wasser (es ist sehr wichtig, das nicht zu vergessen).
19. Reinigen Sie den Raum mit Glocken.
20. Errichten Sie Ihre Schilde. (Visualisieren Sie Lichtschilde vor allen Wänden.)
21. Erfüllen Sie den Raum mit guten Wünschen, Licht und Liebe.

Übernommen aus Karen Kingstons Buch: «Heilige Orte erschaffen mit Feng Shui».

Informationen über Karen Kingston
Für weitere Informationen ist Karens Website oder eines ihrer unten angeführten Büros zu empfehlen.

Beratungen Karen leitet auf der ganzen Welt Ausmist-, Space Clearing- und Feng Shui-Beratungen. Außerdem gibt es ein Verzeichnis mit den Adressen von Ausmist- und Space Clearing-Beratern, die sie persönlich auf einem hohen Niveau ausgebildet hat.

Kurse und professionelle Ausbildungen Diese finden in England, Amerika, Bali und in anderen Ländern statt.

Produkte Fordern Sie eine Kopie von Karen Kingstons Feng Shui- und Space Clearing-Prospekt an, der Balinesische Space Clearing-Glocken, Harmonie-Kugeln und andere hochwertige Produkte enthält, die nur bei ihren Kursen oder per Postsendung erhältlich sind.

Audio- und Video-Bänder Sie machen das Material aus Karens Büchern durch Video- und Audio-Aufzeichnungen ihrer beliebtesten Kurse lebendig.

Website *www.spaceclearing.com*
(eine lebendige Website, die regelmäßig aktualisiert wird, mit Informationen über Beraterinnen und Berater, Einzelheiten zu Karens Kursen und Produkten und der beliebten «Frag Karen Kingston»-Seite).

Adresse in Großbritannien (für Anfragen aus Großbritannien und dem Rest der Welt, außer den USA und Kanada)
Karen Kingston Promotions
Suite 401, Langham House
29 Margaret Street
London W1N7LB, England

Tel/Fax von Deutschland:
0044-7000-772232
e-mail: Ukoffice@spaceclearing.com

Website:
www.spaceclearing.com

Weiterführende Literatur:

Feng Shui
Kingston, Karen: Heilige Orte erschaffen mit Feng Shui, München 1999, Econ TB

Collins, Terah Kathryn: Feng Shui im Westen, München 1998, Goldmann TB

Spear, William: Die Kunst des Feng Shui, München 1996, Knaur TB

Space Clearing
Linn, Denise: Die Magie des Wohnens, München 1996, Goldmann TB

Heilung
Diamond, John: Die heilende Kraft der Emotionen, Kirchzarten 1998, VAK Verlag

Hay, Louise L.: Heile deinen Körper, Freiburg 1998, A. Lüchow

Jeffers, Susan: Selbstvertrauen gewinnen, München 1998, Kösel

Myss, Caroline: Chakren – Die sieben Zentren von Kraft und Heilung, München 1999, Knaur
Myss, Caroline: Mut zur Heilung, München 2000, Droemer
Roman, Sanaya: Zum höheren Selbst erwachen, Interlaken 1992, Ansata
Sams, Jamie/Carson, David: Karten der Kraft, Aitrang 1998, Windpferd
Wilde, Stuart: Wie kriege ich einen klaren Kopf, München 1996, Hugendubel

Darmsanierung
Das Buch der ganzheitlichen Darmsanierung, Ritterhude 1997, Fit fürs Leben
Spiller, Wolfgang: Darmsanierung, München 1999, Knaur
Ulrich, Manfred A.: Colon-Hydro-Therapie, Wiesbaden 1999, Jopp

Spiritualität und Esoterik bei rororo

Dem neuen Jahrtausend ganz entspannt entgegensehen

Mary McFadyen
Heilkraft des Reiki
*Mit Händen heilen.
Schnellbehandlung*
rororo 61400

David Harp/Nina Feldman
Meditieren in drei Minuten
Die Gefühle verstehen und das Leben meistern. rororo 61556

Luisa Francia
Das Gras wachsen hören
Die spirituellen Fähigkeiten des Körpers. rororo 61929

Shakti Gawain
Stell dir vor
Kreativ visualisieren. rororo 61684

Felicitas Waldeck
Jin Shin Jyutsu
Schnelle Hilfe durch Auflegen der Hände. Ohne Vorkenntnisse sofort anwendbar. rororo 61581

Der Barfußdoktor/Erika Ifang
Handbuch für den gewitzten Stadtkrieger *Ein spiritueller Überlebensführer.* rororo 61979

Theo Fischer
Wu Wei
Die Lebenskunst des Tao
rororo 61980

Theo Fischer
Yu Wei
Die Kunst, sich das Leben schwer zu machen

rororo 62137

Weitere Informationen in der Rowohlt Revue oder unter www.rororo.de